零失业率，一个更美好的社会
—— 就业保障的理由

[美] 帕芙莉娜·R.切尔尼娃 著

贾根良 刘新华 贾诗玥 译

贾根良 校

中央编译出版社
Central Compilation & Translation Press

图书在版编目（CIP）数据

零失业率，一个更美好的社会：就业保障的理由／（美）帕芙莉娜·R. 切尔尼娃著；贾根良，刘新华，贾诗玥译. —北京：中央编译出版社，2023.8
书名原文：The Case for a Job Guarantee
ISBN 978-7-5117-4428-9

Ⅰ. ①零… Ⅱ. ①帕… ②贾… ③刘… ④贾… Ⅲ. ①劳动就业-研究 Ⅳ. ①F241.4

中国国家版本馆 CIP 数据核字（2023）第 091522 号

Copyright © Pavlina R. Tcherneva 2020
This edition is published by arrangement with Polity Press Ltd., Cambridge.
版权登记号：图字：01-2023-3237

零失业率，一个更美好的社会——就业保障的理由

责任编辑	李小燕
责任印制	刘　慧
出版发行	中央编译出版社
地　　址	北京市海淀区北四环西路 69 号（100080）
电　　话	（010）55627391（总编室）（010）55627301（编辑室） （010）55627320（发行部）（010）55627377（新技术部）
经　　销	全国新华书店
印　　刷	北京文昌阁彩色印刷有限责任公司
开　　本	880 毫米×1230 毫米　1/32
字　　数	87 千字
印　　张	5.625
版　　次	2023 年 8 月第 1 版
印　　次	2023 年 8 月第 1 次印刷
定　　价	58.00 元

新浪微博：@中央编译出版社　**微　信**：中央编译出版社(ID: cctphome)
淘宝店铺：中央编译出版社直销店(http://shop108367160.taobao.com)
　　　　　　（010）55627331

本社常年法律顾问：北京市吴栾赵阎律师事务所律师　闫军　梁勤
凡有印装质量问题，本社负责调换，电话：（010）55626985

推 荐

"与其他公共政策相比，就业保障更能帮助我们建立一个更加公平的经济和公正的社会。对于任何有兴趣了解就业保障为何以及如何能带来这么多好处的人来说，帕芙莉娜·切尔尼娃撰写了一本完美的入门读物。"

——阿迪·巴坎（Ady Barkan），社会活动家、《风之眼》（*Eyes to the Wind*）的作者

"许多人开始明白，我们赖以生存或栖身的社会经济制度已经受到严重破坏。存在解决方案。这本有价值的启蒙著作为我们指出了一条通往更文明、更有生存能力的社会秩序的道路。"

——诺姆·乔姆斯基（Noam Chomsky），

零失业率，一个更美好的社会——就业保障的理由

麻省理工学院语言学和哲学教授

"就业保障是经济改革的下一个重要的、常识性的思想。经过多年的专门工作，帕芙莉娜·切尔尼娃制订并推进了该计划，今天，它已做好准备，作为进步议程的基本支柱，它与绿色新政、全民医疗保险是互补的。现在就阅读它……走出去帮助实现它。"

——詹姆斯·加尔布雷斯（James K. Galbraith），美国奥斯丁德克萨斯大学教授

"当我们从一个假设必须有一定百分比失业率的失败而残酷的经济开始转型时，切尔尼娃阐述了我们如何通过抬高地板来抬高屋顶。她展示了就业保障如何有助于解决我们面临的一些最大挑战，包括弥合与绿色新政之间的差距，以及从化石燃料经济到可持续未来的关键性转变。"

——萨拉·纳尔逊（Sara Nelson），美国劳联—产联航空乘务员协会国际主席

"帕芙莉娜·切尔尼娃为公共部门的就业保

障作为经济震荡的缓冲器提供了雄辩而令人信服的论据。尤其可贵的是,她展示了这种计划如何能够振兴当地社区。除此之外,她的书还是绿色新政倡议者不可或缺的入门读物。"

——罗伯特·斯基德尔斯基勋爵(Lord Robert Skidelsky),《凯恩斯:大师归来》的作者

中文版序

本书作者帕芙莉娜·R. 切尔尼娃（Pavlina R. Tcherneva）是著名的现代货币理论学者和就业问题专家，即将接任美国著名智库——利维经济研究院（Levy Economic Institute）——学术委员会主席一职。帕芙莉娜与来自美国和其他国家的政策制定者合作，设计和评估就业项目，在其职业生涯的早期，她与美国同事为阿根廷在2001年开始实施的大规模就业创造计划共同制定方案，并随后对其实施情况进行评估。其有关收入分配和不平等问题的研究在美国引起关注后，她应邀参加桑德斯2016年总统竞选团队。2020年，帕芙莉娜应邀加入拜登—哈里斯经济政策志愿者委员会。她的这本著作《零失业率，一个更美好的社会——就业保障的理由》目前已被译成法语、德语、西班牙语、韩语、波兰语、意大利语和乌克兰语出版，这个中文版是第八种语言的译本。

零失业率，一个更美好的社会——就业保障的理由

在本书作者看来，"自然失业率"就像"自然文盲率"一样是一个不科学的概念，它漠视令人震惊的失业代价，实施就业保障计划或建立就业保障制度完全可以做到"人人都有体面的工作"。近年来，作为经济改革的下一个重要的和常识性的思想，就业保障的思潮在西方国家悄然兴起。就业保障制度（计划）是一种新兴的宏观经济管理框架，它使用具有明显社会经济优势的"就业缓冲储备"替代了"自然失业率"的政策框架。作为本书的导读，本序言首先简介就业保障的重要意义以及作为一种思潮在西方国家的兴起，然后说明就业保障制度（计划）的四大制度性功能，并扼要讨论其管理、实例和工作岗位等具体实践问题，最后简述开展就业保障计划试点工作及其推广对于我国就业优先战略和有力地打开"国内大循环"新局面的重要意义。

本序言认为，目前流行的就业理论和就业政策理念——通过促进经济增长来增加就业需求和创造就业机会——无法应对"有增长无就业"和目前中国经济增长乏力的问题。与以增长作为中介、间接创造就业的传统就业战略不同，就业保障制度（计划）反其道而行之，旨在为所有想要工作但在市场经济部门没有找到工作的人直接创造就业机会，这

是一种就业带动增长和就业优先于增长的战略。党的二十大报告提出，实施就业优先战略，强化就业优先政策，健全就业公共服务体系。就业保障制度作为一种就业公共服务体系，对于我国"健全（和创新）就业公共服务体系"具有重要借鉴意义。就业保障计划可以构建为就业优先战略的两大支柱之一，实现"精准就业"的政策目标，本序言建议在全国开展就业保障计划的试点工作，待条件成熟时，再在全国范围内逐步建立就业保障制度，并将其视为"健全就业公共服务体系"的重要尝试。

一、就业保障：方兴未艾的改革思潮

所谓就业保障是指由中央政府出资并由地方政府和非营利组织实施的一项计划或制度，其中心思想是政府外生设定最低工资及其社会保障等福利标准，并在这一水平上雇用所有准备好、有意愿并有工作能力但在市场经济部门找不到工作的非自愿失业劳动力，从而实现"人人都有体面工作"的充分就业。因此，"就业保障"在经济学中是一个在内涵和外延上都有严格定义的专有名词，而非人们日常

零失业率，一个更美好的社会——就业保障的理由

使用的"就业保障"概念，这个概念是在明斯基于20世纪60年代提出的"最后雇主计划"概念基础上演变而来，在英文文献中，它与"就业缓冲储备"和"公共服务就业"是同义词，在我们看来，就业保障制度（计划）的倡导者提出了一种全新的就业观。

就业保障的新理念对目前的全球经济具有重要意义。据国际劳工组织预测，2023年全球失业率将达5.8%，全球失业人数将增至2.08亿，这就是说全球将有2.08亿人无所事事，这不仅是劳动力资源的巨大浪费，而且，它所带来的经济、个人和社会代价远远超过用GDP所能衡量的国民生产总值的大规模损失。在就业保障倡导者看来，实施就业保障制度的成本远低于目前的"失业后备军"制度。例如，仅以减少监禁罪犯成本为例，如果在美国实施最低工资每小时15美元的就业保障制度，即使完全不考虑就业保障工人创造的产品和服务的价值，一份全职工作每年的财政支出为31200美元，而在美国全国范围内，每名囚犯每年的花费是31000美元，在一些州，这些费用要更高，如2012年纽约州在每个囚犯身上花费了6万美元，纽约市花费16.8万美元，而一项为有犯罪前科的人安排就业的计划把再

犯罪率从70%降低到了15%。①

实际上，上述官方失业率已不再能真实地反映失业和劳动力利用不充分的状况。例如，2019年5月，美国的官方失业率为3.6%，这快接近战后美国失业率的最低水平了，但是，丹塔斯和雷指出，这一"成功"在很大程度上是由于2008年金融危机爆发后劳动力市场出现适龄劳动力大规模退出的结果。在修正了金融危机前后劳动力参与率的变化后，他们估计，失业人数平均大约是官方失业率水平的两倍。② 这就是说，如果将已经退出劳动力市场的适龄劳动力计为失业，那么，2019年美国实际的失业率应该是7.36%，而非官方公布的3.68%。同样，据国际劳工组织数据显示，新冠疫情暴发前2019年的全球官方失业率为5.4%，但如果考虑到劳动力参与率因素，那么，2019年全球实际失业率有可能超过10%。

自20世纪70年代以来，世界各国的官方失业

---

① Pavlina R. Tcherneva, "The Federal Job Guarantee: Prevention, Not Just a Cure," *Challenge*, 62, 2019: 4, 253 – 272, DOI: 10.1080/05775132.2019.1635804.

② Flavia Dantas and L. Randall Wray, "Secular Stagnation: As Good as It Gets?" In L. Randall Wray and Flavia Dantas (eds.), *Handbook on Economic Stagnation*, Academic Press: 125 London Wall, London, 2022.

率不再能反映劳动力资源的利用程度，这主要是由两个因素导致的。首先，在发达资本主义国家，"失业型复苏"越来越严重，导致越来越多的适龄劳动力退出劳动力市场，而这些长期失业者不再被记入失业人数，从而导致了官方失业率的不断下降。其次，自20世纪90年代以来，由于"零工经济"的发展，劳动力市场结构发生了重大变化，劳动力的闲置主要表现为就业时间不足等不充分就业，而这种情况同样在官方失业率上得不到反映。因此，我们不能被西方国家官方失业率长期下降的表面现象所迷惑，必须考虑到劳动力参与率的长期下降和不充分就业的状况。

但在20世纪70年代以前，西方国家的官方失业率基本上不存在上述失真状况，在20世纪50—60年代的20年间，西欧和日本的失业率都保持在非常低的水平，通常低于2%—3%；美国的失业率较高，但年均失业率也在4%以下，这与目前美国实际失业率一直高于7%的现状形成了鲜明的对比。导致这种变化和差别的主要原因是政府政策的变化，在20世纪70年代以前，优先促进充分就业而非控制通货膨胀是这一时期宏观经济政策的基本特征，美欧各国政府操纵财政和货币政策，使其总体支出水平能够确保劳动力增长对就业增长的需求得到满足,在这个时期,几乎所有想工作的人都能找到工作,但自20世纪80年代以来,西方国家采取了通货膨胀优先的经济政策制定原则,就业不再是政府的政策目标,失业变成了控制通货膨胀目标的政策工具。

导致上述政策理念巨大变化的原因就在于人们普遍地接受了西方主流经济学"自然失业率"(即非加速通货膨胀失业率)的概念,将失业看作是"正常现象"甚至是"自然现象",并围绕某种所谓"最优"失业水平制定政策。"自然失业率"的概念导致了一种不可思议的"悖论":当我们每天因失业而损失巨额产出的同时,却又背负着由失业造成的个人、社会和经济的巨额成本,而我们却认为失业是自然的、不可避免的和必要的。但在帕芙莉娜·R. 切尔尼娃看来,就像"自然文盲率"等概念一样,"自然失业率"的概念是荒谬的:很显然,我们不会谈论"有意愿但是没有能力接受小学和中学教育的孩子占所有青少年的最优比例是5%;或者5%的人处于饥饿状况是一种自然状态;或者在理想状态下,5%的人将没有固定居所。现代社会的道德立场是,政府应制定政策尽其所能地消除教育缺失(尤其是文盲)、饥饿和无家可归的状况",但在失

零失业率，一个更美好的社会——就业保障的理由

业问题上，经济学家却在谈论"最优"失业水平。①

今天，退休（养老）保障和公共教育已经成为市场经济制度的基本组成部分，在许多国家，全民医疗保障制度也已建立起来，但在世界各国，就业保障制度付之阙如。切尔尼娃指出，正如我们既不以没有保险的退休人员的"自然比率"为目标，也不以一定的文盲率为目标，以给定的非自愿失业率为目标也是没有意义的，心理学、认知科学和公共卫生领域的大量研究表明，失业、低收入水平就业、不稳定和飘忽不定的就业机会以及非自愿兼职工作所带来的成本简直是令人震惊的。这表明，我们应当把失业和不稳定就业看成是一种恶性的、慢性的和致命的疾病。而就业保障则通过保障一项基本的经济权利，成为目前解决紧迫的社会和经济问题的工具。就像过去的每一项重大政策变革一样，它也会给经济带来重大的结构变化，其中最重要的是将"自然失业率"概念永久性地逐出经济政策的工具箱。

近年来，就业保障的理念日益深入人心，越来越受到欢迎。在美国，美国民主党总统竞选人伯尼·桑德斯在2016年将就业保障计划作为其竞选的

---

① 本书第23页。

核心纲领之一；2019年10月，美国的希尔-哈里斯X（Hill-Harris X）民意调查发现，高达78%的选民支持就业保障计划，这其中包括71%的共和党人、87%的民主党人，在美国历史上，很少有政策能得到美国两党如此压倒性的支持。2020年，英国的一项民意调查中有72%的受访者支持就业保障计划；在法国，79%的选民支持国家实施就业保障计划。当美国国会起草绿色新政（GND）决议时，知情的观察人士将其关于联邦就业保障的提议列为关键因素；2020年"民主化工作"宣言以27种语言刊登在全球43家报纸上，将就业权确定为经济脱碳的核心需求和关键组成部分。[1] 正如美国德克萨斯大学教授詹姆斯·加尔布雷斯推荐本书时指出的，就业保障是经济改革的下一个重要的、常识性的思想，在美国，它与绿色新政和全民医疗保险共同构成了进步议程的三大支柱。

二、就业保障制度的四大基本功能

虽然就业保障制度（计划）的思想只是近年

---

[1] 《巴德学院经济学助理教授：公正的转型需要就业保障》，https://finance.sina.com.cn/esg/ep/2021-10-29/doc-iktzqtyu4270019.shtml。

零失业率，一个更美好的社会——就业保障的理由

来才在西方发达国家引起社会各界和政策制定部门的广泛注意，但经济学界早在1996年就开始对其进行系统研究，目前已经出版了大量论著，研究成果已相当成熟，现将就业保障制度的四大功能总结如下。

首先，就业保障制度是宏观经济管理的自动稳定器。西方非主流经济学和流行的看法都认为，物价稳定和充分就业不可兼得，这就是菲利普斯曲线所表达的失业率与通货膨胀率相权衡的理论：为了获得稳定的通货膨胀率，就必须以失业率上升为代价，反之亦然。经济过热时，被解雇的工人被抛入"失业储备"大军，从而使物价上涨得到"缓冲"，这在经济学中被称作"失业缓冲储备"。我们在前面已经谈到，失业的代价是十分昂贵的，因此，一些经济学家反对将失业作为治理通货膨胀的工具，提出使用"就业缓冲储备"即就业保障作为稳定物价或稳定货币价值的措施。

所谓"就业缓冲储备"是指在经济过热导致通货膨胀（加剧）时，政府将不得不采取紧缩措施，导致私人部门解雇工人，在这种情况下，这些失业工人将以最低工资的形式在就业保障计划中得到雇佣，从而用"就业缓冲储备"替代了"失业缓冲储

备"。在就业保障制度下,工人得到的是固定工资的工作,因此,它不仅抑制了劳动力市场涨价的压力,解除了通货膨胀的压力,创造了有社会价值的产品和服务,而且由于就业保障计划的工资高于失业保险金,这也稳定了有效需求,避免了经济周期的大起大落,请参看图1。

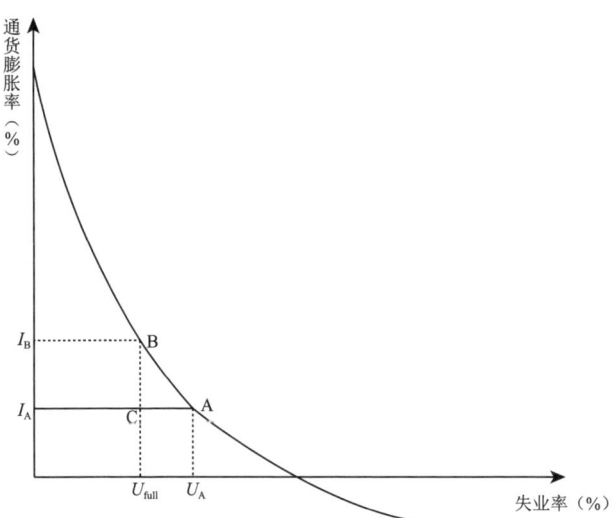

图1　就业保障避免了菲利普斯曲线的权衡

资料来源：William Mitchell,"The Job Guarantee and the Phillips Curve," *The Japanese Political Economy*, 46, 2020: 4, 240–260, DOI: 10.1080/2329194X.2020.1864746.

在图1中,充分就业是指消除了非自愿失业的就业水平,而非不存在失业。我们将充分就业的失

业率记为 U_{full}，按照定义，它是摩擦性失业和自愿失业水平的失业率，当经济接近充分就业时，经济将沿着曲线向上移动到 B，通胀上升到 I_B，为了抑制通货膨胀，传统的做法是不得不增加非自愿失业，在图 1 中用 $U_A - U_{full}$ 表示，这将抑制通货膨胀。但在就业保障制度之下，政府提供 $U_A - U_{full}$ 的固定工资的工作，这就消除了非自愿失业，经济就从 A 点转向 C 点，而不是 A 转向 B。因此，就业保障制度的建立使政府避免了在通货膨胀和失业之间进行痛苦的抉择，可以同时实现稳定物价和充分就业的目标（请注意，C 点对应的是纵轴的稳定物价和横轴上的充分就业）。

其次，就业保障制度是一张就业安全网。就业保障制度不仅是宏观经济的一个制度化、逆周期的自动稳定器，而且作为一个就业安置计划，它为所有非自愿失业者提供就业安全网。就业保障制度的运作犹如蓄水池：经济复苏和繁荣时，劳动力从就业保障池流向市场经济部门，这犹如蓄水池放水；经济衰退和萧条时，劳动力从市场经济部门流向就业保障池，蓄水池吸纳市场经济部门的放水，并将其用于浇灌实现国家公共目的的产品和服务，如图 2 所示。从图中可以看出，就业保障制度的就业规模取决于市场经济部门的就业动态而反周期运作，因此它可以稳定总就业机会，降低市场经济部门就业机会剧烈波动的有害影响。

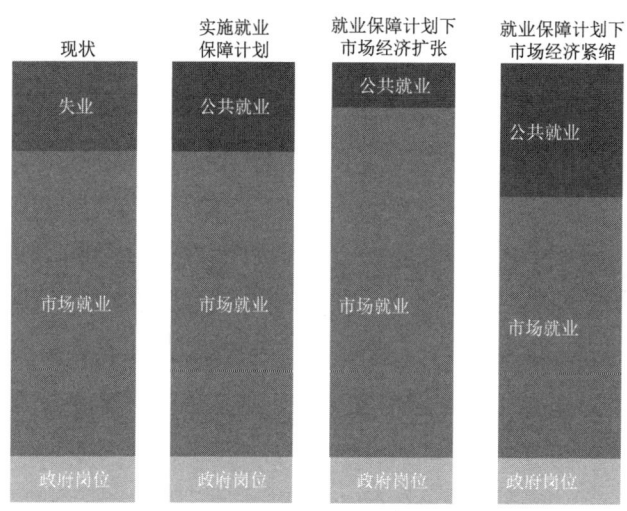

图2　就业保障制度作为就业安全网

资料来源：黄逸江：《中国绿色公共就业计划：可持续繁荣的路线图》，见贾根良等：《现代货币理论在中国》，中国人民大学出版社2023年版。

就业保障制度允许人们从失业过渡到就业，再从就业保障过渡到市场经济部门的就业，它将通过在职培训、证书授予、教育和其他全面的服务来培训他们，使他们为其他就业机会做好准备，这对于找第一份工作有困难的年轻人、正在找工作的出狱人员、在再就业方面有重大障碍的长期失业者以及希望重返劳动力市场的居家护理人员尤其有帮助。但是，即使政府尽一切努力让尽可能多的人脱离就业保障池，但市场经济部门在经济繁荣时也不可能雇用所有人，就业保障仍将继续为其余人提供一张持续的就业安全网。

再次，就业保障制度的预防功能。就业保障制度的优点不仅在于宏观经济的自动稳定器和就业安全网的两大功能，还在于它能够独特地满足社会的两大功能性需求：准备响应和预防（简称预防功能），以抵消失业带来的大量成本和预防失业的恶劣社会影响。帕芙莉娜·切尔尼娃发现，失业的发生及其传播机制非常类似于流行病（如新冠肺炎病毒），国家应对流行病的基本思路是计划、准备和预防，而非等到暴发后再作计划并采取行动。如果没有就业保障制度（计划），当失业如雪崩般发生时，任何解决失业问题的政策如刺激、减税和收入支持等政策总是收效甚微，而且姗姗来迟；如果没有就业保障制度，大规模裁员也会自我强化。显而易见，一国的工业化和城市化程度越高，这种失业的流行病特征就越明显。

就业保障制度的预防功能发挥着两种主要的作用：第一，它阻止了在没有就业保障制度情况下衰退时期的失业率飙升。现有的自动稳定器,如失业保险或贫困家庭临时援助一旦到期,失业者将面临更大的经济不安全感,由此导致的消费不稳定因持续的"失业型复苏"将更加恶化;而以间接措施(如减税、降息和补贴等措施)促进就业的形式出现的额外刺激,通常力度太小,也太迟。正如疫情一旦蔓延就很难控制一样,一旦我们允许大规模裁员持续下去并蔓延开来,就很难扭转失业的局面。就业保障制度设计的目的就是阻止这种大规模裁员的传染病效应的广泛传播。第二,它不仅阻止了失业的蔓延效应,而且阻止了失业给个人、家庭、社区和经济所带来的沉重代价,从某种意义上说,这是一种类似于预防接种的方法。[1]

最后,共同富裕的推进器。人们通常认为最低工资是工人的最低价格,但是,对于非自愿失业者来说,工资实际上为零。就业保障为所有非自愿失业者提供就业机会,确立了所有雇主都必须满足的最低工资和基本工作条件的要求,为整个经济确立一个基本的劳动标准。此外,每隔几年,政府可以

---

[1] Pavlina R. Tcherneva, The Federal Job Guarantee: Prevention, Not Just a Cure, *Challenge*, 62, 2019: 4, 253 – 272, DOI: 10.1080/05775132.2019.1635804.

零失业率，一个更美好的社会——就业保障的理由

根据整个经济的劳动生产率增长情况，对就业保障工人的最低工资标准及其福利进行调整，从而使就业保障制度成为推动所有劳动者分享生产率增益的制度化工具。正如明斯基指出的，"一旦你给所有想要工作的人都提供了就业机会，你便需要逐渐将收入分配向底部人民倾斜——我们可以通过在限制顶端富人收入增长的同时，逐渐增加底部人民的收入，来做到这一点"[①]，就业保障制度可以成为共同富裕的推进器。

由于就业保障制度不依赖于不断增长的总需求和企业利润来间接创造就业，而是由政府直接从处于收入分配底层的弱势群体"自下而上"地雇佣劳动力，因此，与传统的通过增长带动就业的涓滴机制相比较，就业保障制度在改善收入分配上具有独特的作用：一方面，由于就业保障产生劳动收入而非资本收入，所以它改变了收入的预分配；另一方面，由于它建立了更加合理的劳动力需求结构，优先改善了弱势群体的就业和劳动收入状况，从而使得位于收入分配底层的劳动力的收入状况比位于收入分配顶层的劳动力的收入状况改善得更快，所以

[①] 转引自 L. 兰德尔·雷：《现代货币理论：主权货币体系的宏观经济学》，张慧玉等译，中信出版社2017年版，第319页。

就业保障制度有助于解决收入分配不平等和相对贫困问题。

三、就业保障计划的管理、实践和工作岗位问题

作为就业安全网，就业保障制度或计划在管理上具有如下特点。第一，出于财政可持续性的原因，该计划将由中央政府资助，但主要由地方政府管理，并由地方政府、非营利组织、社会企业以及合作社进行具体管理。第二，就业保障制度补充而非替代失业保险等社会保障制度。例如，非自愿失业者可以选择继续接受失业保险或者参加该计划，如果他们选择前者，一旦失业保险到期仍然找不到常规的市场经济部门工作，那么，他们仍然可以选择参加就业保障计划。第三，受到就业保障制度保障的就业者可以选择全职和非全职的工作安排。第四，不需要另设政府管理机构，由当地政府的社会保障机构进行管理，因为他们一直在提供就业和失业的管理工作。确实，就业保障制度或计划的建立将需要增加政府工作人员，但如果考虑到该计划的实施将降低"维稳"、社会治安、监狱和医疗服务等方面的公共支

出,缩小其他政府部门工作人员的规模,那么,就业保障制度的建立甚至可能缩小政府的总体规模。

历史上已有许多就业创造计划,著名的例子有美国罗斯福新政、阿根廷的"Jefes计划"、南非的扩大公共工程计划、瑞典的战后社团主义模式,以及印度的《国家农村就业保障法》。在20世纪的大萧条时期,罗斯福新政的就业计划雇用了1300万人,公共事业振兴署是其中最大的项目,持续8年并雇用了850万人,大大地降低了美国当时的失业率:在罗斯福的第一个任期(1932—1936)期间将失业率从接近30%降低到了1936年的16.9%和1937年的14.3%,它不但创造了大量的工作岗位,还建立了广泛的公共服务体系,这不但支持了战争,还建立了在战后繁荣中发挥重要作用的基础设施。

2001年,阿根廷政府为了解决当时该国失业率超过20%的问题,按照美国就业保障倡导者的政策建议推出了侧重于小型社区就业项目的"Jefes计划",该计划雇用了约13%的阿根廷劳动力人口。当该计划结束时,阿根廷的失业率已由最初的21.5%降低至8.5%。印度在2005年通过的《国家农村就业保障法》保证每个农村家庭每年至少有100天的带薪工作,因在农村社区创造了许多生产性公共产品（水井、池塘、道路、公园），并提供了必要的公共基础设施服务，如节水、园艺、防洪、抗旱和其他环境保护项目，因此受到了广泛的赞誉。

但是，罗斯福新政、阿根廷的"Jefes计划"和印度的《国家农村就业保障法》都是政府在有限时间、有限人群和局部地区实施的"就业保障计划"，而不是针对所有非自愿失业者普遍实施的"就业保障制度"。本文区分了这两个概念，所谓"就业保障制度"是指中央政府提供无限弹性的劳动力需求，为所有准备好、有意愿且有能力的失业者提供就业机会，这种普遍性的就业保障制度将像失业保险制度和退休金制度一样构成社会保障制度的一个有机组成部分，并成为一国宏观经济管理框架的永久组成部分。目前世界上还没有一个国家建立这种"就业保障制度"，但从目前局部的、有限的就业保障计划的实施仍然可以看出，政府这种直接创造就业的行为产生了一系列经济效益、社会效益和环境效益。

对于就业保障计划，一种常见的疑问是，我们是否可以为失业者找到那么多的工作岗位？批评者更是认为，就业保障计划只是在制造虚假的就业，根本不能提供能创造价值的工作。然而，批评者所谓有价值的工作是能够在市场赚取利润的工作，而

零失业率，一个更美好的社会——就业保障的理由

完全忽视了不能以利润或剩余价值所衡量的社会公共服务价值的创造。上述就业创造计划的实例也说明，建立就业保障制度是完全可行的。例如，罗斯福新政的大规模公共就业计划创造的就业岗位不仅有基础设施建设的体力劳动，还有文化、教育、卫生等方面的脑力劳动和服务。一般来说，除了一些青年学徒项目外，就业保障通常不会在市场经济部门创造就业机会，就业保障计划的重点是公共服务部门的就业，以避免与私人部门产生竞争，避免由此产生的就业替代效应。但是，为了抑制私人部门的垄断，平抑服务价格，政府部门也可以在某些与私人部门竞争的、供给不足的领域直接实施就业保障，如幼儿照顾、医疗保健和养老等领域。例如，过去三年的新冠疫情流行暴露出了公共卫生服务的供给不足，就业保障在一定程度上可以填补其短板。

作为就业缓冲储备池，就业保障的工作岗位一般由三部分构成。第一，流动性最大的，应对失业最严重局面：在发生严重萧条时，失业人员将大幅度增加，提前计划好的公共工程可以通过类似于历史上以工代赈的办法解决不少问题。第二，作为稳定物价的自动稳定器的主体组成部分，就业缓冲储备池中随衰退和繁荣而流进和流出的人员的工作岗

位主要由社会公共服务领域来创造。第三，长期滞留在就业缓冲储备库的人员。例如，非营利性的政府养老院（并非入住者一点费用也不交）作为非周期性变动的就业保障岗位的一部分。其中，作为就业保障计划主体组成部分的社会公共服务将被设计为一项优先关心环境、关心人民和关心社区的"国民关爱计划"，它是能够消除所有形式的贫困以及减少对最宝贵的自然和人力资源的忽视的相关就业岗位，因此，就业保障计划的就业又可以称为"绿色就业"。

随着城市化加速、乡村振兴战略和构建以国内大循环为主的新发展格局的新阶段的到来，我国城乡社会公共服务的供求矛盾十分突出，托幼、教育、医疗、养老、交通、水利、能源、生态环保、社会管理以及应急管理、防灾减灾等都需要增加投入，在这些领域，蕴藏着大量有价值的就业岗位，有许多是私人企业无力或不愿投资的；或者由追逐利润的私人部门提供公共服务的价格昂贵，人民群众意见比较大。例如，在政府严厉整治校外补习班后，目前教育领域有很多失业人员，但我们又需要提高这方面的教育投资，有关部门的政策思路是在严厉整治校外补习班后，提倡学校课后服务。非营利的就业保障计划可以在这方面发挥作用，例如，可以通过设立中小学生教学和课后活动助理岗位，将其分派到相关学校（也可以包括一些学前教育计划），作为学生阅读、写作以及数学的指导教师，为学校的文体娱乐活动提供协助，并组织周末和假期相关活动等，其目的不只是增加就业，更主要的是满足高质量公共服务的需要。

四、构建中国就业保障制度的重大意义和政策建议

在市场经济条件下，企业为降低成本就必然尽量减少雇佣工人的数量，就业仅仅是企业赚取利润的手段或衍生品。为了解决市场的"无形之手"所衍生且无法解决的失业难题，就必须通过政府的"有形之手"创造公共就业，特别是在经济危机时期更是如此。但按照传统的凯恩斯主义就业理论，试图通过财政和货币等政策手段刺激经济增长间接创造就业岗位的就业政策效果越来越差。在过去四十多年中，"失业型复苏"在西方国家已经成为经济常态，一些国内学者早已注意到我国也存在着"有增长无就业"的现象，如蔡昉对通过扩大总需求促进

就业的观点提出了质疑①。正如李克强总理在2013年指出的，"我们关注GDP，其实关注的是就业"。凯恩斯经济理论的核心也是就业问题，并非总需求或者经济增长率问题，传统的凯恩斯主义完全忽视了凯恩斯革命的这一重要特征。②

自2010年以来，我国GDP增长率逐年下降，从2010年的10.64%下降到2014年的7.4%，再下降到（疫情暴发前）2019年的6.1%。2020年、2021年和2022年的GDP增速分别为2.2%和8.1%和3%，三年平均值为4.43%。如果说三年疫情时期属于特殊情况，那么，疫情暴发前就已开始的GDP增长率逐年下降属于正常状态，这表明中国经济在今后十年有可能陷入"慢性萧条"时期。这种"慢性萧条"时期的出现一方面反映了保护主义的国际政治经济秩序的"新常态"使国际大循环经济发展模式彻底走到了尽头，另一方面反映了推动GDP高速增长的地方政府竞争体制陷入了危机。③

---

① 蔡昉：《为什么"奥肯定律"在中国失灵——再论经济增长与就业的关系》，载《宏观经济研究》2007年第1期。

② Pavlina R. Tcherneva, "Permanent On-The-Spot Job Creation—The Missing Keynes Plan for Full Employment and Economic Transformation," *Review of Social Economy*, No.1, 2012.

③ 贾根良：《国家财政与重振中国经济的战略构想》，载《广西师范大学学报》2023年6月20日（网络首发），该文为《现代货币理论在中国》的序言。

零失业率，一个更美好的社会——就业保障的理由

虽然高速经济增长不能实现充分就业，但它确实能解决相当大的就业问题。随着 GDP 增长率的逐年下降，就业问题在政策制定中的重要性越来越突出。我国政府已估计到 GDP 增长率的逐年下降对解决就业问题提出的挑战，这几年，"稳就业"和"保就业"一直都被放在了经济政策的首要地位，"十四五"规划提出了城镇调查失业率控制在 5.5% 以内的目标。虽然依靠经济增长带动就业的效果不佳，但在高速增长时期，这种就业政策的缺陷就被掩盖了起来。然而，一旦 GDP 增长率逐年下降，特别是如果中国经济在今后十年进入"慢性萧条"时期，如果继续延续"增长带动就业"的传统思路而没有新思路，我国的就业形势将会日益严重。因此，就业保障计划不仅对于解决我国日益严重的就业问题具有重大意义，而且对于稳定经济增长率、走共同富裕道路、构建国内大循环为主的新发展格局都具有重要政策价值。

首先，如果对城镇调查失业人口实施普遍的就业保障计划，不仅可以在我国城镇实现充分就业，而且必将遏制增长率逐年下降的趋势，笔者所谓的"慢性萧条时期"就不会成为现实。以 2019 年为例，根据丹佛大学黄逸江博士的计算，如果中央政府增加占 GDP1.58% 的财政赤字，就足以在我国城镇实

施一个完整的中国绿色公共就业计划（即就业保障计划），从而消除2427万的城镇失业，并带来3.13%—4.55%的新增GDP，将中国2019年GDP增长率提高到9.23%—10.65%的区间。①

我国是在2020年5月提出"国内大循环为主体、国内国际双循环"发展战略的，在此之前的2020年4月1日，笔者在推荐黄逸江博士上述研究成果时就指出，"在'国内经济大循环战略'之下较大规模实施'中国绿色公共就业计划'，中国就可以迎来一个至少年均GDP增长率在8%以上并长达二三十年的高速增长时代……它有利于改变目前我国中央政府财政赤字率过低而地方政府赤字率过高的不合理状况，建立起更加现代化的中央与地方关系。"②

其次，作为走共同富裕道路的重要政策手段，这将成为构建新发展格局的突破口。本序言在前面讨论了就业保障作为共同富裕推进器的重要作用，

---

① 黄逸江：《中国绿色公共就业计划：可持续繁荣的路线图》，见贾根良等：《现代货币理论在中国》，中国人民大学出版社2023年版。

② 贾根良、黄逸江：《实施就业保障计划应对大危机正当时！》，https://www.hswh.org.cn/wzzx/llyd/jj/2020-04-01/62157.html。

这与习近平总书记的思想是一致的。他曾说，一人就业，全家脱贫，增加就业是最有效最直接的脱贫方式。党的二十大报告提出，增加低收入者收入，扩大中等收入群体。在笔者看来，就业保障制度是实现这一政策目标最直接和最有效的政策工具。本书第一译者曾建议在"十四五"期间实施就业保障计划，并建议通过将就业保障工人最低工资每年提高15%—17%，实施月收入千元的"六亿人收入倍增计划"，这不仅可以消化过剩产能，而且对于提高经济增长率、扶贫攻坚和有力地打开"国内大循环"的新局面都具有十分重要的政治和战略意义。[1]

本序言只是简单地介绍就业保障理论及其政策研究的基本情况，很多具体的问题，读者可以通过阅读帕芙莉娜的这本著作得到更深入的理解。但在这里，笔者需要澄清人们对就业保障计划经常产生的两个误解。第一个误解是只将就业保障制度（或计划）视作就业创造计划，而忽视了其首要功能：作为稳定物价的宏观经济稳定器，其目的主要在于避免以失业为代价抑制通货膨胀，这对宏观经济管理具有重

---

[1] 贾根良：《六亿人收入倍增计划：国内大循环战略的突破口》，见 http://econ.ruc.edu.cn/kxyj/xssx/a56366c36b8f43b79c3a0b6dcac1e6ac.htm。

要意义；第二个误解是将就业保障制度（或计划）视作创造就业的主要途径，在我们看来，就业保障计划主要针对的是劳动密集型失业群体的战略，它无法创造高收入的、广大的中产阶级群体，而要做到这一点就需要就业优先战略的另一重要支柱——创造新产业，就业保障制度（或计划）和创造新产业共同构成了就业优先战略的"两大支柱"，其精髓就在于以"精准就业"的方式推进就业优先战略的实施。

最后，我们希望相关政策制定部门和经济学界高度重视本书提出的问题，尽早进行就业保障计划的试点工作。开展试点工作的意义不仅在于保就业、保民生的一时之需，而且是为了向国内大循环转型中较大规模推行"就业保障计划"积累经验。这也是解决中国经济"慢性萧条"和地方政府财政困难的主要措施之一。

献给我的女儿伊薇特（Yvette）

——愿你生活在一个绿色公正的世界。

致 谢

当我在20世纪90年代末第一次开始研究就业保障（Job Guarantee）时，人们的共识是，美国已经实现了充分就业，"金发女孩经济"（Goldilocks economy）将继续存在。[①] 这个观点毫无道理，但它

[①] "金发女孩经济"是指某个经济体内高增长、低通货膨胀和低失业率的同时并存，而且利率可以保持在较低水平的经济状态。"金发女孩"这个术语出自英国作家罗伯特·索塞（Robert Southey）的童话故事《三只小熊》，讲的是一个金发女孩进山采蘑菇，不小心闯进了熊屋，趁着熊爸爸、熊妈妈和熊小孩外出还没有回来，金发女孩把厨房里各种好吃的东西一扫而光，然后舒适地躺在熊的床上迷迷糊糊地睡着了，还做了一个美梦。……直到有一天3只熊回来了，原来这间房子属3只熊所有，金发女孩的幸福生活就一去不复返了。在西方媒体上，人们喜欢把增长进入佳境而通货膨胀威胁尚未来临的经济状况称之为"金发女孩经济"，认为这是潮起潮落、不断波动的经济周期中最为美妙的阶段。对于资本市场来说，金发女孩经济更是为投资者梦寐以求的。这个阶段越长越好，如果熊回来得很晚，金发女孩在熊屋里享受的美妙时光足够长，就最能让投资者对经济前景产生高度的乐观预期，信心为之高涨，大牛市也往往随之而来。然而，"金发女孩经济"往往潜伏着危机，如20世纪90年代中期克林顿执政时期的美国经济。——译者注

让我相信，研究失业将是一种孤独的经历。幸好我错了。

我的旅程始于来自马修·福斯塔特（Mathew Forstater）、沃伦·莫斯勒（Warren Mosler）和L. 兰德尔·雷（L. Randall Wray）的友谊和支持，他们为我联系到了合作者和朋友，包括威廉·米切尔（William Mitchell）、斯蒂芬妮·凯尔顿（Stephanie Kelton）、法德尔·卡布（Fadhel Kaboub）、斯科特·富维尔（Scott Fullwiler）等许多人。就业保障的研究者不断增长。我接触到了来自美国和国外的人，他们丰富了我的工作。他们来自学术界的各个角落，从历史到法律，再到公共政策和人文学科。我曾经与设计和实施类似计划的公务员一起工作。环境和社会正义活动家、青年组织、记者和普通公民都支持这一计划。目前，就业保障再次成为国家对话和政策议程的一部分，我提到的这些人员对于促成这种状况做出了贡献。

在本书的写作过程中，我从与安吉拉·格洛弗·布莱克韦尔、劳尔·卡里略、威廉·桑迪·达里蒂、伊莎贝尔·费雷拉斯、特鲁迪·戈德堡、罗汉·格雷、达里克·汉密尔顿、菲利普·哈维、萨拉·特鲁哈夫特等人的交谈中受益匪浅。我要感谢

| 致 谢

三位匿名审稿人和我的编辑乔治·奥威尔，他们的评论极大地改进了本书，还有我的学生柯尔斯滕·奥斯特伯克，他在数字和参考资料方面提供了帮助。特别感谢约翰·亨利对本书毫无保留的反馈意见。毫无疑问，所有的观点和错误都由我负责。最后，我要对家人的支持表示最深切的感谢，特别是感谢道格拉斯·约翰逊，是他让一切成为可能。

前　言

在一眨眼的时间里，数百万人失去了工作。就像地狱横扫全球一样，冠状病毒大流行导致一个又一个经济被封控。劳动力市场正在崩溃，裁员的浪潮已经变成了一场海啸。美国联邦储备委员会预测，美国的失业率将超过20世纪30年代大萧条的水平。在这一流行病之后，将会出现另一场大规模失业造成的痛苦和破坏。

这本书是在劳动力市场大出血之前完成的。该书列举了失业作为一种悄然无声的传染病的各种表现形式，从它传播的方式，到其病毒性质，再到它让人民、社区和经济为之付出的巨大社会代价，即使经济正在接近充分就业也是如此。即使是在短短几个月内，这些成本也将是不可估量的。

新冠肺炎疫情暴露了从昨天开始的许多对话是

荒唐的。我们被告知，将最低工资提高到每小时15美元，会导致就业机会减少（好像贫困的工人对经济有好处似的）。今天，很明显，在疫情的大流行中我们赖以生存的劳动人民，正是那些基本的生活工资和就业得不到保障的人。商店职员、调度员、仓库工人、送货员、环卫工等被誉为"必不可少的劳动者"，但如果经济恢复，专家们会不会再次称他们是需要自动化加以替代的低生产力劳动者呢？

昨天，大多数总统候选人都回避了政府可以提供全民医疗保障的观点。今天，我们看到它不仅可以，而且绝对必须这样做，因为数以百万计的人在失去工作的同时也失去了他们的医疗保险。

昨天，经济学家们勉强承认，尽管失业率处于历史低位，但经济还远未达到充分就业，数百万人仍希望找到好工作。今天，在失业率达到两位数之后，我们面临着恢复到这些低点的艰巨任务。2008年金融危机之后，我们花了10年多的时间才做到这一点。现在需要多长时间？

这本书批评了传统的宏观经济稳定方法，它产生了长期的和痛苦的失业型复苏。如果我们不得不面对另一个危机，经济学家明天还会坚持认为我们已经达到了一个永久性的高的"自然失业率"吗？

前言

他们是否会重提陈旧的"结构性失业"的借口，为公共政策未能尽其所能地做正确的事情——即雇佣失业者——寻找借口？

我们现在比以往任何时候都更需要就业保障。本书阐述了它的巨大好处和实施它的蓝图。它的设计正是受到应对流行病的政策方式的启发，即优先考虑准备和预防。几十年来的紧缩政策导致基本的公共部门项目、服务和机构能力受到侵蚀，使我们对这场大流行病和随之而来的社会危机措手不及。然而，为了应对疫情，美国政府几乎在一夜之间通过了一项前所未有的2.2万亿美元的一揽子计划，根据两党共识，还将增加支出。世界上许多国家也在做同样的事情。找到钱从来都不是问题。找到团结在关键政策背后的政治意愿也总是如此。

明天，当政客们问："但是，政府将如何为这个计划买单呢？"答案永远应该是"我们为这场流行病支付的方式"。如果我们能够支付所有必要的干预措施来遏制这场危机，我们肯定有能力为就业保障、住房、医疗保健和绿色经济提供资金。我们不能承受的是，在这一时刻过后，我们仍然面临着同样的经济问题和不平等，而这些问题和不平等甚至在这场流行病之前就已经造成了非常多的痛苦和破坏。

目录

引言 ······ 1

第一章 好工作的公共选择 ······ 11

第二章 维持现状的高昂代价 ······ 22

第三章 就业保障：一种新的社会契约与宏观经济模型 ······ 46

第四章 但你将如何支付它？ ······ 69

第五章 做什么、在什么地方和怎样做：工作、设计和实施 ······ 83

第六章 就业保障、绿色新政及其他 ······ 120

引 言

> 不是因为事情困难,才让我们不敢做;而是因为我们不敢做,事情才变得困难。
>
> ——塞涅卡[①]

"生活中没有保证",这是一个熟悉的说法,就像"如果你真的想要什么,你必须努力去争取"。但如果你真正想要的是一份有薪水的工作—— 一份体面的、报酬高的工作呢?如果你因为"生活中没有保证"而找不到它呢?

这就是就业保障的建议旨在解决的悖论。它是一项公共政策,为任何寻找工作的人提供随时待命

---

① 塞涅卡(Lucius Annaeus Seneca,约公元前 4 年—公元 65 年),古罗马政治家、斯多葛派哲学家、悲剧作家、雄辩家。——译者注

的就业机会，无论他们的个人情况或经济状况如何。它将失业办公室转变为就业办公室，在广泛的护理、环境、康复和小型基础设施项目中提供志愿的公共服务工作机会。就业保障是就业的一项公共选择。

这个建议的**保障**（guarantee）部分是承诺，它保证一个基本的就业机会总是会提供给那些寻求它的人。**就业**（job）这个部分涉及另一个悖论，即在现代社会，有偿工作定义了生活，不可或缺，但对许多人来说，它变得难以捉摸、繁重并具有惩罚性。就业保障中的工作部分旨在改变这一切，将体面的、能维持生活的就业作为经济中所有工作的标准，同时为公共政策、工作经验的性质和工作本身的意义的转变铺平道路。

就业保障涉及经济不安全的两个非常具体的方面：失业（间歇性的或长期的），以及低收入的就业（不稳定的就业和不平等）。劳动力市场还存在其他问题，如薪酬窃贼（wage theft）[①]、歧视、贫困和收入增长停滞。此外，还有其他形式的经济不安全，如缺乏负担得起的高质量食品、护理、住房和教育，或缺乏免受气候变化破坏的保护。然而，从某种意

---

① 指克扣和拖欠工人薪金的雇主。——译者注

义上说，就业保障有一个狭窄而明确的使命，这就是政府要为所有前来找工作的人提供一份薪水体面的工作，就其本质和设计而言，它解决了广泛的社会和经济问题，并有助于实现更公平的经济。

从根本上说，就业保障是一项保障政策，它从根本上否定了这样一种观念：处于经济困境中的人民、年久失修的社区和处于危险中的环境是市场经济所带来的不幸但不可避免的损害。

利用公共政策保障就业权利的想法并不新鲜。它的长久生命力和韧性源于其深厚的道德内涵。它在《世界人权宣言》和罗斯福总统提出的《经济权利法案》中得到了确认，是民权斗争的标志性问题，并被写入了许多国家（受到《世界人权宣言》启发）的宪法。但它的使命仍未完成。在美国，1946年的《就业法案》（Employment Act）和1978年的《充分就业与平衡增长法案》（Full Employment and Balanced Growth Act）的制定者曾试图实施适当的立法来保障这一法案，但最终都以失败而告终。在没有普遍工作权的情况下，世界各地断断续续的直接就业项目试图填补这一空白，尽管并不完美，但其中许多项目都取得了明显的成功。

如今，就业保障被誉为"绿色新政中最重要的一个方面"①，这表达了一种理念：没有经济和社会正义，就无法实现环境正义。绿色新政和就业保障旨在解决看似截然不同、但实际上不可分割并有机存在的两个问题：气候变化和经济不安全。如果全球变暖的危险已经减弱，但家庭和整个社区继续因贫穷、失业和经济困境而绝望地死亡，这样的绿色未来有什么好处呢？如果一种经济为所有人都提供了高薪工作，但继续压榨和破坏我们赖以生存的自然环境，这样的经济又有什么好处呢？

虽然"就业保障"比"绿色新政"更早，但从罗斯福的"植树大军"的时代到这本书中提出的优先保护环境和社区更新（community renewal）等现代建议，"就业保障"一直都是绿色的。绿色新政是一项雄心勃勃的政策议程，旨在转变经济，为子孙后代提供一个宜居的星球。就业保障将经济和社会公正融入了对气候变化的科学应对；这是绿色议程不可或缺的一部分，它将确保没有人会在转型过程中掉队。但它也是一个变革性的宏观经济政策和安全网，将解决数十年来的劳动力市场问题，以及绿化过程中可能出现的混乱。简而言之，在我们努力

---

① Robinson Meyer, "The Democratic Party Wants to Make Climate Policy Exciting," *The Atlantic*, December 5, 2018.

保护环境并推进经济转型的同时，就业保障确保了我们有一项既保护劳动人民又改变工作体验本身的政策。

这本书提出了就业保障计划的倡议，并解释了为什么它对气候运动至关重要。它还认为，即使绿色新政完成了其使命，市场经济仍然需要就业保障计划。这是因为该计划是一个持续的减震器和稳定经济的有力工具，这可能是其关键性的宏观经济特征。在工业化时代，有报酬的工作是生活保障不可或缺但不可靠的途径，而就业保障是不存在的。在战后时代，经济萧条很少见了，但失业并没有随之消失。如今，新自由主义政策削弱了工人的核心权利，而政策制定者则依靠失业人口稳定物价。早在我们不可逆转地污染环境之前，就业保障就是一项很有必要的政策，因此，在我们治理好环境之后，仍然需要这种政策。

这里所阐述的绿色就业保障的愿景将创造就业与保护环境联系起来。它还将绿色政策定义为处理各种形式的浪费和破坏，特别是人力资源的浪费和破坏。正如已故诺贝尔经济学奖得主威廉·维克里（William Vickrey）所言，失业"最好被看作是破坏"，它给个人、家庭和社区带来了不合理的损失和毁灭。① 然而，传统观点认为失业是"正常现象"。经济学家甚至称其为"自然现象"，并围绕某种"最优"失业水平制定政策。

认为非自愿失业是一种不幸而又不可避免的现象，认为适当水平的失业对经济的平稳运行是必要的，这是我们这个时代未经检验的最大神话之一。这也是糟糕的经济学。

为了证明就业保障政策的合理性，本书在进行诊断和经济分析之前，首先进行了一个思想实验。它要求读者想象一下，在非常实际的情况下，就业保障政策可能是什么样的，以及它可能对失业人员和他们的家庭产生什么样的影响。我们考虑在什么情况下，人们可能需要参加这个计划，以及什么样的计划可以确保他们在走出失业办公室时，总能获得一份基本生活工资的工作。

笔者之所以提出要做这个思想实验，是因为失业已经变得太抽象，而且似是而非地变成了没有人类情感的问题。几乎没有什么事情比失业更具情感问题，但大多数经济学家和政策制定者谈论失业就

---

① William S. Vickrey, *Full Employment and Price Stability: The Macroeconomic Vision of William S. Vickrey*, edited by Mathew Forstater and Pavlina R. Tcherneva, Edward Elgar, 2004.

引　言

像气象学家谈论天气一样。失业被视为一种自然现象，政府除了提供失业保险这样的临时性保护外几乎无能为力。随着经济在漫长的衰退中艰难前行，数百万人可能不得不忍受失业，但当经济变景气时，失业将再次消失。尽管如此，全球化和技术变革不可避免地会让一些人（在结构上）继续失业。至少故事是这样的。

因此，在全球化的世界中，失业被处理为去情感化并内化为一种可以容忍的自然现象。只有当失业的人因自己的命运而受到指责时，人们才会将其情感化——这是本书旨在揭穿的另一个神话。当经济条件有利时，失业和贫穷通常被认为是缺乏主动性（求职者没有提高他们的技能）的结果，或者是其他的一些个人道德缺陷（如药物滥用、犯罪记录、这样或那样的"错误选择"等）的结果。因此，失业问题被重新提起，但没有将这个问题人性化。

一些读者可能会同意这种观点，希望这本书能改变他们的想法。甚至在最好的时候，由于他们无法控制的种种外部条件，对很多人来说，体面的工作机会也是供不应求的。后果是破坏性的，但在很大程度上是可以避免的。我想提出的问题是：如果我们不考虑"道德缺失"，而是设计这样一个系统：

它风雨无阻地为任何想工作的人提供工作机会，无论这些人的经验、培训或个人情况如何，这将会是怎样一种情况呢？这样的经济体将会是什么样子的呢？天会塌下来吗？它会创造比我们已经面临的更糟糕的经济条件和后果吗？或者它可能会带来许多我们以前从没有考虑过的好处吗？一个拥有公共就业选择权的世界，会比一个即使"经济状况良好"也要让数百万人没有体面工作的世界更糟糕吗？或者它将为经济安全和经济稳定提供一种新的基础？

为了回答这些问题，第一章提出了一个非常简单的建议：确保失业办公室（所谓的"美国就业中心"）开始扮演真正的就业办公室的角色，按需提供最低生活工资的公共服务就业机会。

第二章记录了失业人员在劳动力市场面临的许多两难处境。它向我们提出挑战，让我们把就业的权利与退休保障的权利或接受小学和中学教育的权利等同起来。现代的宏观经济微调政策（包括货币和财政政策）将失业视为"自然的"和"不可避免的"，造成了上述对人民、社区和环境的破坏。一旦我们考虑到它的社会、经济和环境成本，很明显，失业已经为其"付出"了代价，而且代价很高。

第三章认为，就业保障是一种新的社会契约和宏观经济稳定政策，属于政府长期保障的传统。通过结合其他公共选择和价格支持计划的关键性特征，就业保障计划可能会对经济产生变革性的影响。它将建立一个新的劳动标准，为所有劳动人民提供毫不妥协的最低生活工资，同时比目前的做法更有效地稳定就业、通货膨胀和政府支出。它还将一劳永逸地取代失业，成为经济稳定器。这一章还列举了就业保障的其他好处，包括但不限于它对国家预算、不平等、服务业就业以及那些不寻求有偿工作的人的生活的影响。

针对成本问题，第四章为读者提供了一个关于负担能力的新视角，并阐明为什么大多数保障通常是由联邦政府提供的。这一章讨论了"公共钱包"这个术语的经济含义，将"真实的"成本与"资金"成本分离开来，将"实际的资源约束"与"人为的财政约束"分离开来。它还提供了对就业保障预算规模的估计，并提供了该计划对美国经济影响的宏观经济模拟结果。

第五章转向实施和设计的问题，并解释了本书提供的就业保障计划与其他方案的不同之处。它说明了为什么就业保障本身就是**绿色的**，并提供了可以使用分散和参与式模式开发和管理其具体项目的例子。它建议把就业保障构建成"国家关爱法案"（National Care Act），优先照顾环境、照顾人民和照顾社区。本章还解决了一些常见的问题，并强调了与其类似的、来自现实世界创造就业项目的重要教训。

第六章评价了该计划压倒性的受欢迎程度以及与绿色新政的共生关系。它阐明了"就业保障"这个术语在气候变化的论述中可以发现的不同用法，并将就业保障的建议置于绿色议程之中。它还解释了在将来排放和温度已经稳定的世界中，为什么我们仍然需要就业保障，并对其在国际政策架构中的作用和地位进行了一番思考。

第一章　好工作的公共选择

失业？失业是什么？在这本书出版之际，美国失业率为3.5%（2019年12月），这已经接近战后失业率的最低水平了。然而，仍然有数百万人找不到能够获得工资报酬的工作。2020年2月，美国的失业人口数字是580万，但如果进行准确的统计，这个数字将增加一倍多。① 失业造成痛苦的影响对不同的人是不一样的，它对年轻人、穷人、残疾人、有色人种、退伍军人和有犯罪记录的人的影响是非常大的。

我们都熟知，经济增长将使所有人受益，但是

---

① 更广泛的衡量标准将包括那些想工作但因为在调查周没有找工作、因而没有被计算在内的人，或那些因为找不到全职工作而从事兼职工作的人。详情请参阅，例如，Flavia Dantas and L. Randall Wray, "Full Employment: Are We There Yet?," Levy Economics Institute, Public Policy Brief No. 142, 2017。

最近半个世纪以来,漫长的失业复苏已经成为常态,一些就业机会越来越不能为人们带来较好的薪酬收入。当经济增长的时候,谁会受益?当我们考虑这个问题的时候,我们将会发现一个令人不安的答案。在第二次世界大战刚刚结束的时期,随着经济在每次衰退萧条后的扩张,绝大多数(增长带来的)红利分配给了底层的90%的家庭。然而,过去四次经济扩张的情况却恰恰相反(如图1所示)。自20世纪80年代以来,经济增长带来的收益主要体现在最富有的10%的家庭的收入增长。更糟糕的是,在从

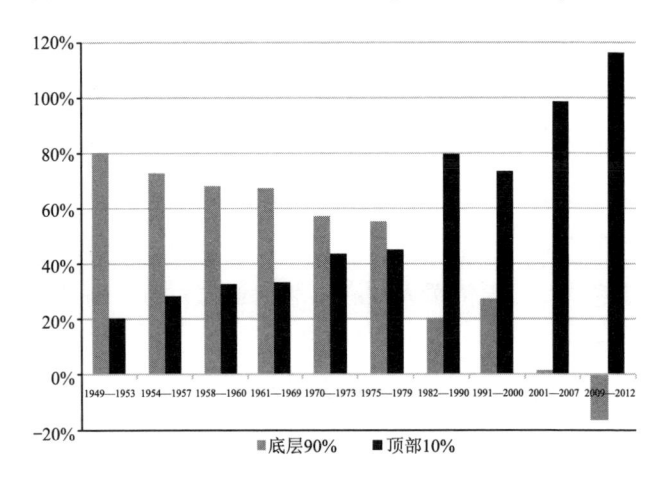

图1 经济扩张期间平均收入增长的分布情况

资料来源:Pavlina R. Tcherneva, "Reorienting Fiscal Policy: A Bottom-up Approach," *Journal of Post Keynesian Economics*, 37 (1), 2014: 43-66.

2007年国际金融危机所导致的"大衰退"中恢复的过程中,在经济扩张的头三年,底层90%家庭的平均实际收入反而下降了。

时至今日,数以百万计的人无法找到有薪酬的工作,还有数百万的人需要贫困线以上的工资。近几十年来,工资水平一直处于停滞状态。底层90%家庭的实际平均收入水平为34580美元,比20年前下降了2.2%。与此同时,最富有的0.01%家庭的实际平均收入在同时期增长了60.5%(如表1所示),是底层90%家庭实际平均收入的556倍(如果算上资本收入,则增长了超过1000倍)。[1]

表1 失控的不平等

实际平均收入 (除去资本收入)	底层90%	顶部10%	顶部1%	顶部0.01%
1997	$35,357	$227,843	$806,585	$11,986,014
2017	$34,580	$282,921	$1,075,058	$19,235,681
百分比变化	-2.2%	24.2%	33.3%	60.5%

资料来源:作者根据 T. Piketty and E. Saez, "Income Inequality in the United States, 1913 – 1998," *Quarterly Journal of Economics*, 118 (1), 2019 [2003]: 1 – 39 制作的表格。

---

[1] T. Piketty and E. Saez, "Income Inequality in the United States, 1913 – 1998," *Quarterly Journal of Economics*, 118 (1), 2019 [2003]: 1 – 39.

零失业率,一个更美好的社会——就业保障的理由

在失业和不平等的数字背后,隐藏着数百万人面对失业和薪酬不足的情况时不同的面孔、经历、处境和个人挑战。

也许你就是其中一员,或者你认识的人就是其中之一。也许你在2007年以来的"大衰退"中失去了工作,现在同时做着两份兼职,挣扎着勉强支付账单。也许你从高中毕业,上不起大学,想先找份工作存点钱。也许孩子们已经长大离开了家,而你作为全职妈妈,想要找一份有报酬的工作,但这距离你上次在外工作已经过去了几十年,你已经不知道从何开始了。也许你已经投了215份简历[1],但即使在这种"强劲的经济"中,你仍然不能找到一份稳定的有良好收入的工作。也许是因为你的年龄、性别、皮肤的颜色(种族)或者你的犯罪记录,你找不到合适的工作。也许你是一个希望工作的残疾人,但是得到你能做的工作似乎是不可能的,就算你得到了一份(匹配你能力的)工作,现行的法律允许你的雇主每个小时只支付给你1美元。[2] 也许公司找到了"更好的"人选,你只能不断地(一家又

---

[1] Nina McCollum, "What I've Learned About Unemployment and Being Poor After Applying for 215 Jobs," *HuffPost*, July 26, 2019.

[2] Alexia Fernández Campbell, "A Loophole in Federal Law Allows Companies to Pay Disabled Workers $1 an Hour," Vox, May 3, 2018.

一家公司）敲门寻找工作，不断地给下一个雇主发送邮件，但是（通知你工作面试）的电话却从来没有来过。

失业办公室能够帮助你获得额外的课程，帮助你美化个人简历，练习面试技巧。你尽力了，但是又失败了。或者你被雇用了，但这只是一份薪酬很低而且没有福利的工作。你几乎入不敷出，漫长的通勤时间和变幻莫测的轮班使得回家吃晚饭或者和孩子一起做家庭作业都成了一项挑战。

你愿意为这份工作而努力干活，但这份工作就是不适合你。这一次你是幸运的。还记得2009年人满为患的失业办公室吗？还记得许多写着"失业人员无需申请"的在线（招聘）广告吗？①

但也许你不是上述人员中的一员。也许你有一份不错的工作，至少和你的朋友比起来是这样。薪酬不高，但是公司承诺有晋升的机会。你可以养家糊口，甚至再过几个月，你终于可以获得两周的带薪假期了。唯一的问题就是你的老板无情地骚扰你。但你会选择留在这里工作。你真的能放弃这份"稳

---

① Liz Goodwin, "Job Listings Say the Unemployed Need Not Apply," *Yahoo News*, July 26, 2011.
雇主一般都不愿招聘失业人员，喜欢从在职的人员中招聘，因此在广告中就直接拒绝了失业者的申请。——译者注

定"的工作吗？

也许你住在波多黎各，你经营的商店被飓风玛丽亚卷走了。许多人死了，还有许多人选择逃离，一年半以后，岛上每12个人中就有一个还在找工作。又或许你逃过了加利福尼亚州的大火，但你丢了工作，你的房子烧成了灰烬，联邦管理局为你提供的救助资金也快用完了。你和其他许多生活在洪水和龙卷风肆虐地区的人仍然需要支付账单，当地社区也急需重建。

我们能讲述多少这样的故事呢？在美国，有数百万人是这样的情况；在全球，有数亿人。失去工作和生计的原因并不只是特殊情况或不可控的天灾，失业是常有的事。经济繁荣时扩张，萧条时收缩，再加上外包和技术变革，造成了持久的失业。虽然新的就业机会不断地被创造出来，但对于所有求职者来说，即使在经济扩张的高峰期，这些机会也远远不够。而在那些有工作的工人中，有许多从事的是不稳定的和收入微薄的工作。2018年，有690万工人的收入低于官方贫困线。[1] 对于上百万的美国人来说，一份工作是无法维持生活的。

---

[1] "A Profile of the Working Poor, 2017: BLS Reports," US Bureau of Labor Statistics, United States Department of Labor, April 2019.

如果我们改变现在的这一切，让每个求职者都可以找到（最起码）能养家糊口的体面工作，把它作为一个社会和经济目标，这会怎么样呢？这会对人们的生活、社区和经济产生什么样的影响呢？

想象一下，你回到了失业办公室，但这次，除了它所提供的各种其他的资源，它还提供了一份当地公共服务工作机会的清单，每份工作都提供基本工资（比如15美元/小时）、医疗保障和负担得起的优质儿童保育服务。你可以选择全职或者兼职。与现在的情况一样，失业办公室继续提供额外的一揽子服务，其中包括培训、认证、完成通识教育发展（GED）①、以家庭为关注点的案例管理、交通补贴、咨询和引荐。

这些就业机会都是由当地的市政局或非营利组织提供的（意味着更短的通勤时间），但都是由联邦政府资助的（你不需要关注这些，一份薪水就是一份薪水）。城市渔业公司正在与当地学校开启一个新的STEM项目。历史学会正在把地图和历史记录数字化。"绿色新政"部门启动了一项全面的气候治理

---

① 通识教育发展（General Education Development，GED）是为失学青年设计的课程及考试，通过了可以取得普通高中同等学力。在美国很多学院（College）或成人进修学校（Adult School）一般都有GED课而且学费不贵。——译者注

零失业率，一个更美好的社会——就业保障的理由

计划，围绕该计划的各种绿色基础设施项目比比皆是。一个项目正在为更换年久失修的水管进行招聘，清理市政公园后面的空地也需要一些工人。当地社区团体正在为退伍军人、流浪汉、处于危险期的青少年、有犯罪前科的人开展拓展项目，社区卫生诊所也正在为他们提供见习和培训的机会。一家社区剧院正在为孩子们提供课后学习项目，同时为成年人提供夜校课程。

在就业保障计划启动之前，这些工作岗位要么根本不存在，要么严重人手不足。如果你所在的社区遭受了极端天气或者环境灾害的打击，那么该计划将帮助该社区进行清理和重建工作，并恢复其防火和防洪计划。整个（就业机会）选项清单都是由就业保障计划提供的。就业保障计划是一个与当地政府和当地非营利机构合作的项目，目的是确保没有求职者被拒之门外。

就业保障办公室会帮助你在私营或者公共部门找到薪水更高的工作机会。经济正在增长，新的招聘广告承诺提供晋升机会、灵活的工作时间和远程办公的可能。当你有了额外的工作经验和培训经历，你就能获得一些工作机会。这时你就可以告别就业保障计划（为你提供的工作岗位），转到更好的岗位

工作。

或者你根本不需要就业保障（所提供的工作岗位）。毕竟，你是一个受过高等教育、技术娴熟且拥有完全不同工作经验的人——你的职业阶梯很明确，你的人脉很广，你能够轻松地从一个就业机会跳到另一个。你的收入不错，能够养活一个家庭，你从来不会考虑或者需要申请就业保障计划所提供的工作岗位。但是这个项目帮助重建了你的社区，因为有了这个项目，你孩子的学校里建造了花园，当地的图书馆组织了新的项目和社区活动，附近的徒步小径和公共海滩也逐步恢复了起来。

这些都能成为现实吗？我们是否能够实施一个为那些需要工作机会的人提供基本就业安全网的计划，同时创造出一些迫切需要的社区工作机会，从而使得每个州、每个县的人都能够受益，不管这个地区多么小或者地理位置多么偏远？接下来的章节将对这个问题进行讨论，我们得到的答案是肯定的，并且我们已经知道了很多实现和达成这种计划的方法。这样的计划将会带来巨大的经济、社会和环境效益。

也许这些故事引起了你的共鸣，同时你也可以看到公共就业机会可能产生的影响。有了就业保障计划，你可以在一个你认为很重要的社区项目中找到本地的工作；当你有了其他谋生的选择，你可以对辱骂苛责你的雇主说不；你可以在寻找其他就业机会之前先找到一份初级工作，这样你就可以避免因为一次又一次被不喜欢你外表的雇主拒绝而产生的挫败感；你可以避免申请食品券和其他政府资助项目的压力，因为你已经有了一份可以维持生计的工作，现在可以维持基本的收支平衡了。实际上，我们目前看到的只是就业保障计划对失业和未充分就业的数百万人的生活所能带来的表面上的改变，后面我们还会谈到其他方面的重要变化。

但也许这些故事并没有引起你的共鸣。这些故事所描绘的景象太过于完美，以至于人们无法相信其真实性。难道没有所谓的"自然失业率"吗？政府到底能做些什么？政府真的能创造就业机会吗？如果政府尝试这样做了，难道不会扭曲市场的激励机制吗？也许你在担心：如果人们不再害怕失业，他们还会努力工作吗？或者，你担心这样的就业计划将会对生产率造成破坏。另外，实施这样的就业计划将会花掉多少钱？雇佣数百万人难道不会很贵吗？在接下来的章节中，我们将讨论你的所有这些担忧以及更多的问题。

　　容忍失业现象的经济学是糟糕的经济学。我们不需要设身处地想象失业者和他们的家人所面临的困境，就能够理解，雇佣那些愿意工作的人比我们目前的做法更经济、更有效率，达成这一共识是下一章节的任务。

第二章 维持现状的高昂代价

有关就业的经济学原理很简单：对于一个寻找工作的人来说，如果有人愿意雇佣他，那么他就能找到工作。通常，我们认为公司承担了绝大多数的招聘工作，因为在公司工作的人大概占美国总就业人数的80%。公司招聘多少员工取决于它的盈利能力，如果顾客源源不断地涌入，收银台进账的声音不绝于耳，利润持续上升，那么，公司就会不断地招聘新的员工。相反，当销售额和利润下降时，公司就会进行大规模裁员。

但是，大约有五分之一的工作岗位不是为了金钱利益而存在的，而是为了满足某些特定的公共目的。比如说，道路必须定期维护，学校需要配备一定的工作人员，食品和药物的检疫人员必不可少，社会的安全公正需要得到保障。非营利性质的地方政府、州政府和联邦政府提供的就业岗位都旨在服务于更广泛的公共利益。我们在这里提出的论点是：因为（人们普遍）认为失业是不可避免的，甚至是维持经济平稳运行的必要条件，因此，雇佣非自愿失业的人群，并让他们服务于一些更加重要的公共目的，这一事项在很大程度上被忽视了。

一、失业怎么会是"自然的"呢？

你是否听说过：在一个强大的经济体中，有意愿但是没有能力接受小学和中学教育的孩子占所有青少年的最优比例是5%；或者5%的人处于饥饿状况是一种自然状态；或者在理想状态下，5%的人将没有固定居所。现代社会的道德立场是，政府应制定政策尽其所能地消除教育缺失（尤其是文盲）、饥饿和无家可归的状况。毫无疑问，我们可以而且必须在这方面做得更好，但我们在设计或者实施政策时，并没有考虑到这些社会问题存在某种"最优"状态。我们的愿望和道德方面的承诺是确保所有人都能获得教育、食物和住房。

然而，经济学家们经常使用这些术语来谈论失业：它不仅是不可避免的，而且是保证经济平稳运行的必要条件，而且，经济学家们还在失业率处于"自然"水平的前提下制定政策。美联储主席杰罗

零失业率，一个更美好的社会——就业保障的理由

姆·鲍威尔在2019年1月的演讲中简明扼要地指出：我们需要自然失业率这个概念的存在。我们需要（通过与自然失业率对比）了解此时实际经济中的失业率是高了、低了，还是刚刚好。①

究竟让多少人挣扎着寻找能够获得报酬的工作才是"合适"的？许多经济学家担心如果失业率"过低"，劳动力市场"过紧"，那么公司将不得不提高工资以吸引工人，进而提高价格以收回（提高工资水平）所带来的成本。这种观点认为，低失业率可能导致高通货膨胀率甚至加速通货膨胀，从而产生了经济学中最过时（影响最不好）的概念之一——非加速通货膨胀失业率（NAIRU）。②

---

① 2019年1月在美国经济学会的演讲。

② 通货膨胀是指物价总体水平的持续上涨，物价上涨是通货膨胀的必要条件而非充分条件，因此，当劳动者在谈判中要求提高工资，企业为了增加利润而提高价格，或者货币贬值导致进口商品的国内价格提高，这些可能会也可能不会引发通货膨胀。只有当物价水平在一段时间内持续地和普遍地上涨的时候，我们才称之为通货膨胀，而一次性的价格上涨不是通货膨胀。如果物价水平在第一个月上升10%，第二个月上升11%，第三个月上升12%，以此类推，在这种情况下，我们认为通货膨胀率是加速的。加速通货膨胀的极端情况被称为恶性通货膨胀，我们可以观察到，在恶性通货膨胀发生之前，经济体的潜在供给能力实际上已经急剧收缩。非加速通货膨胀是指比较稳定的通货膨胀水平，如每年2%—3%的通货膨胀。如果价格水平开始下降，那么价格水平增长率就是负的，这种情况被称为通货紧缩。顾名思义，所谓非加速通货膨胀失业率（NAIRU）是指比较稳定的通货膨胀状况下的失业率。——译者注

随后，以对抗通货膨胀为目标的各国央行致力于围绕非加速通货膨胀失业率对经济进行微调。① 无数的智库、学者和政府机构花费宝贵的资源，试图确定这个难以捉摸的"最优"失业水平，而实际的失业人数却随着经济的增长和放缓而起伏不定。美国国会预算办公室（CBO）坚持认为，在整个战后时期失业的"自然水平"在4.5%至6.5%之间，但今天我们的官方失业率为3.5%。

美联储主席鲍威尔最近承认，失业与通货膨胀之间的关系已经崩溃②，但说实话，这不是令人感到安慰的话。然而，对非加速通货膨胀失业率的探索和深究仍在继续，高级经济学家们极力为其辩护。同时，美联储的目标是，在失业率"过低"的情况下，通过放缓投资和雇佣的速度（来提高失业率），以此达到控制通货膨胀的目的。③

---

① "Why Do Interest Rates Matter?," Board of Governors of the Federal Reserve System, September 9, 2016.

② "Federal Reserve Chair Jerome Powell Testimony on the State of the Economy", House Financial Services Committee, July 10, 2019, www.c-span.org/video/? 462331-1/fed-chair-warns-weakening-economic-growth-pledges-serve-full-year-term.

③ "How Does Monetary Policy Influence Inflation and Employment?," Board of Governors of the Federal Reserve System, December 16, 2015.

这种微调的方法有三个问题。第一，非加速通货膨胀失业率这个概念本身就是一个谜。① 经济学家们（以及美联储）无法弄清楚失业与通货膨胀之间关系的本质，甚至连它们之间是否存在着因果关系都搞不清楚。② 第二，美联储自己也承认，它没有一种可靠的通货膨胀理论。③ 第三，虽然美联储未能钉住非加速通货膨胀失业率或通货膨胀目标，但至少自2014年以来，美联储官员一直坚称，美国经济已经实现了充分就业。许多人会记得20世纪90年代的相似经历，尽管当时的失业率不断突破每一个官方最新估计的非加速通货膨胀失业率，同时我们看不到任何通货膨胀加速的现象，但专家们仍然不断地警告称经济已经达到了其所能承受的就业的最高水平。这就像电影《土拨鼠之日》中的场景一样，经济学家们以非加速通货膨胀失业率为由不断地发出（就业率过高）的警告，而失业人员却因此被困于失业的陷阱之中，走投无路。

---

① Matthew C. Klein, "Debunking the NAIRU Myth," *Financial Times*, January 19, 2017.
② Olivier Blanchard, "Should We Reject the Natural Rate Hypothesis?," *Journal of Economic Perspectives*, 32（1），2018：97–120.
③ Sam Fleming, "Fed Has No Reliable Theory of Inflation, Says Tarullo," *Financial Times*, October 4, 2017.

这个问题在世界范围内更加严重。2012年,欧盟委员会的年度经济预测报告称,西班牙的自然失业率为26.6%——经济的表现已经达到其所能做到的最好状态了。① 而事实上,它能比这种状况做得更好。随着失业率从萧条时期的水平下降(当然,下降的还远远不够),委员会不断地下调自己的非加速通货膨胀失业率估计值。我们很难不得出这样的结论:非加速通货膨胀失业率为解决失业问题的重大政策失败提供了借口,但这并非美联储一贯的立场。1945年,美联储理事会就编制了一份有关从战时经济向和平时期的经济过渡期间如何保持充分就业、(稳定)生产和生活水平的综合报告,该报告认为"(失业和通货膨胀)这两种罪恶……不会相互抵消,(而且)两者都必须被预防"。美联储列出了一项旨在实现充分就业和物价稳定的全面的长期计划,包括一系列措施,其中"保证就业"(Guarantee of Employment)被认为"可能是国家最低标准概念中

---

① 有些读者可能怀疑数据的真实性。有消息报道:"据西班牙国家统计局日前发布的统计数据,截至2012年底,西班牙失业率达到了26.02%,其中25岁以下青年人的失业率更是高达55.13%。"参见丁大伟:《截至2012年底西班牙25岁以下青年失业率55.13%》,http://www.taiwan.cn/xwzx/dl/kj/201302/t20130206_3758585.htm。——译者注

最重要的部分"。① 美联储认为，保证就业是"经济权利法案的第一项条款"，"为了所有人的利益，更充分、更好地利用我们的人力和物力资源"是美联储本身希望达到的国民经济的一个核心目标。②

而如今，美联储的做法却大相径庭。政府制定政策时允许失业的存在，非加速通货膨胀失业率被用来使其政策反应合理化，允许有意放慢经济增长速度和增加失业，以抑制通货膨胀的压力，从而使其经济困境进一步恶化。但失业并非不可避免，一劳永逸地消除失业才是更好的政策选择。然而，在我们考虑现状的高昂代价之前，我们需要解决另一个普遍存在的误解——认为工作机会多的是，而失业则是个人的失败。

二、劳动力市场：许多人处于两难境地

人们普遍认为，在经济繁荣时，任何想要找工作的人都能够找到工作。因此，如果他们找不到工作（或者在找工作的过程中遇到任何困难），那么，

---

① Emanuel A. Goldenweiser et al., "Jobs, Production and Living Standards," *Board of Governors of the Federal Reserve System (US) Post-war Economic Studies*, August 1945, emphasis added.

② Ibid.

这一定是他们个人层面上的一些缺陷所造成的,比如缺乏必要的技能,教育不足,或者缺乏激励和错误的决策。当然,对于大多数经济学家们来说,"充分就业"的状态实际上是指存在着数百万人非自愿失业的状态(无论这是否是个人原因造成的),而不是指任何准备好、有意愿并能工作的人都能够真正获得一份有报酬的工作的状况。

事实上,即使一个人在寻找工作时做的所有决定都是正确的,劳动力市场也不是一个公平竞争的场所。即使在经济扩张的高峰期,求职者的数量也总是多于职位的空缺(如图2所示)。

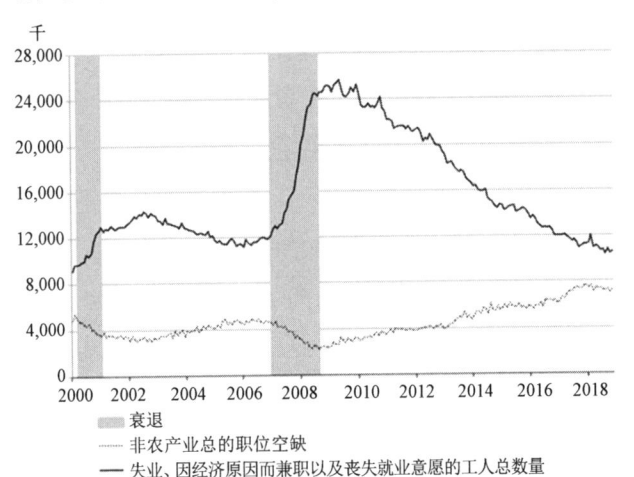

图2 长期就业机会的短缺

资料来源:作者基于美国劳工统计局公开数据的计算。

零失业率,一个更美好的社会——就业保障的理由

对求职者中的许多人来说,劳动力市场充满着自相矛盾的两难境地。营利性部门创造了绝大多数的就业机会,但它并不能雇佣所有想要工作的人。如前所述,公司在销售和利润符合其发展规划时才会做出雇佣决定,但除了销售不足和利润低之外,还有很多其他原因也会使公司做出不雇佣所有失业者的决策。

首先,公司不喜欢雇佣失业人员,尤其是长期失业者。[1] 他们更喜欢雇佣已经有一份工作的人,或者工作经历空档期较短的人。对于失业者来说,这使他们处于进退两难的局面。正如我们之前提到的,在2008年后的"大衰退"期间,一些招聘广告甚至对失业者发出了警告:失业者无需申请(这一岗位)(这一做法被美国法院提出了质疑)。[2] 此外,公司不愿意雇佣长期失业者是因为他们认为,失业9个月就相当于失去了4年的工作经验。[3]

---

[1] Giuliano Bonoli, "Employers, Attitudes towards Long-Term Unemployed People and the Role of Activation in Switzerland," *International Journal of Social Welfare*, 23 (4), 2014: 421–30.

[2] Liz Goodwin, "Job Listings Say the Unemployed Need Not Apply," *Yahoo News*, July 26, 2011.

[3] Stefan Eriksson and Dan-Olof Rooth, "Do Employers Use Unemployment as a Sorting Criterion When Hiring? Evidence from a Field Experiment," *American Economic Review*, 104 (3), 2014: 1014–39.

对许多人来说，失业这个"标签"成为他们寻找好工作道路上的主要障碍。公司试图避免因雇佣和培训他们造成的"风险"，这就产生了一个现代悖论：在一个经济体中，数百万人在寻找工作，但是公司却在为寻找合格的工人而苦恼。随着经济的增长，公司不断收紧他们的招聘标准，这一事实使得这种矛盾变得更加严重。[①] 这意味着那些最需要找到工作的长期失业者恰恰是那些面临最高准入门槛的人。他们不仅是最后被雇佣和最先被解雇的那群人，因此无法积累足够多的工作经验，无法获得工作任期，或无法增加收入，而且，当雇主改变雇佣规则时，他们是最有可能被完全排除在就业机会之外的那群人。这又造成了另一个进退两难的局面。

培训和教育并不能解决这一悖论，尽管它们可能会让人们在失业线上徘徊（意思是让人们有一定但较小的机会摆脱失业）。在过去的几十年里，高等教育使得学生贷款飙升，但是却没有提供工作和收入让他们能够偿还这些贷款。这就像西西弗斯巨石一样，沉重的学生债务意味着年轻人无法负担住房、结婚或维持足够的可自由支配收入，从而阻碍了经

[①] Alicia S. Modestino et al., "Upskilling: Do Employers Demand Greater Skill When Workers Are Plentiful?," *Review of Economics and Statistics* (forthcoming).

济的增长。这又是一个进退两难的局面。

即使有培训项目，私营公司也有其他（有形的和无形的）标准来排除（求职者）。基于性别、种族、年龄的歧视是有据可查的。全职父母（指在家全职照顾小孩的父母）得到第二次面试的可能性是失业父母的一半，是在职父母的三分之一。[1] 与有犯罪记录的白人求职者相比，没有犯罪记录的非洲裔美国人获得工作的机会或者获得复试的机会要更低。[2] 残疾人被系统性地挡在就业机会之外，他们是所有人中最后一个就业率达到危机前水平的群体。[3]

三、人类的"溜溜球效应"

劳动力市场面临的所有这些挑战，再加上经济衰退期间经常性的以数百万人为规模的裁员，造成了人类就业或失业忽上忽下的"溜溜球效应"（如图3所示）。美国的失业情况极其不稳定：大量的失

---

[1] Katherine Weisshaar, "From Opt Out to Blocked Out: The Challenges for Labor Market Re-Entry after Family-Related Employment Lapses," *American Sociological Review*, 83 (1), 2018: 34–60.

[2] Devah Pager, *Marked: Race, Crime, and Finding Work in an Era of Mass Incarceration*, University of Chicago Press, 2009.

[3] Barbara Goldberg, "Disabled Workers Chase 'Dream Jobs' in Tight US Labor Market," *Reuters*, August 30, 2019.

业始于经济衰退期间的大规模裁员,但经济的复苏缓慢而无力。失业型复苏被认为是正常且不可避免的。与此同时,自20世纪60年代以来,长期失业者占总失业人数的比例一直在稳步上升。从某种意义上来说,失业本身创造了失业能力(与就业能力相对应)。

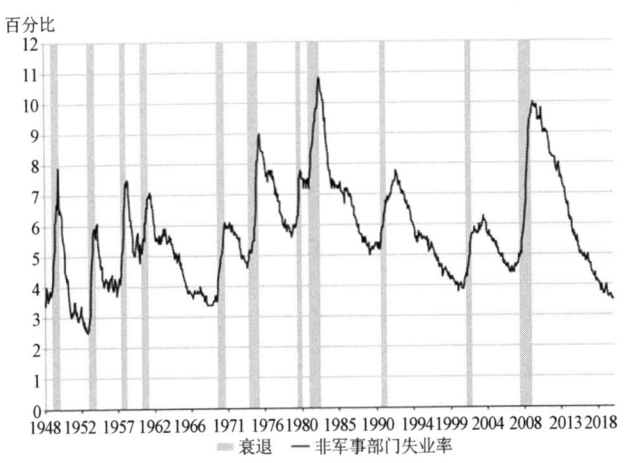

图3 失业:人类的"溜溜球效应"

资料来源:美国劳工统计局。

劳动力市场(竞争的本质)是一场残酷的"抢椅子游戏"。[①] 事实上,情况甚至更糟,因为许多失业者找不到"椅子"(即有报酬的工作),如果他们找到了工作(尤其是在低工资部门),接下来他们将经常面

---

① 这是一种参与者在音乐暂停时需要立刻坐在椅子上而椅子少于游戏参与者的游戏。——译者注

临歧视、骚扰和工资被窃取（克扣工资），并不断遭到失去工作和福利保障的威胁。（经济中）没有足够的工作岗位，更没有足够好的工作机会。维持失业后备军的政策，失业人员在劳动力市场面临的重重门槛和障碍，大规模裁员带来的人类"溜溜球效应"，所有这些因素都给社会和经济带来了高昂的成本和代价。

四、失业的代价是昂贵的

就像我们不会谈论（有多少）无家可归者或者文盲是"最优水平"一样，如果经济学家们充分考虑到失业的社会和经济成本，那么，"最优失业水平"的概念就不会长期存在。心理学、认知科学和公共卫生领域的大量研究表明，失业、低收入水平就业、不稳定和飘忽不定的就业机会以及非自愿兼职工作所带来的成本简直是令人震惊的。这表明，我们应当把失业和不稳定就业看成是一种恶性的、慢性的和致命的疾病。

我们从官方公布的数据中看不到的是，失业会像病毒一样传播。为了了解失业率是如何变动的，一种有用的方法是观察一幅随时间而变化的失业动态地图。[①]

---

① 由流动数据公司提供的美国报告来自下述网站：www.youtube.com/watch?v=shqJR_0WdrI。

第一个值得注意的特征是，持续的失业率（即使在经济繁荣时期也经常达到两位数的水平）不仅困扰着"铁锈地带"和阿巴拉契亚山脉，还影响着从内华达山脉到科罗拉多平原、海岸山脉和南部腹地的数不清的社区。

第二个值得注意的特征是，失业呈现出一种不容置疑的传染效应。这就像一个人往水里扔了一块鹅卵石，最初的冲击会产生涟漪，涟漪会越来越远。失业的后果也是如此。当经济衰退来临时，贫困地区的大规模裁员就像流行病一样在社区与社区之间传播和滋生。失去工作和收入的损失使得失业人员只能大幅度减少其支出，这就影响到了附近区域的公司的经营情况，而这些公司反过来又通过裁员来应对。这样的恶性循环越来越严重。从某种意义上来说，一个人的失业将会让另一个人也失去工作。在经济衰退时，失业就像流行病一样传播；而在经济扩张时，它仍徘徊在这些疾病爆发的中心，使经济陷入长期的困境。图4展示了经济大衰退后的情况，该图显示了在复苏过程中，全国范围内的失业率高达两位数，这是在官方发布的失业统计数据中无法看到的。

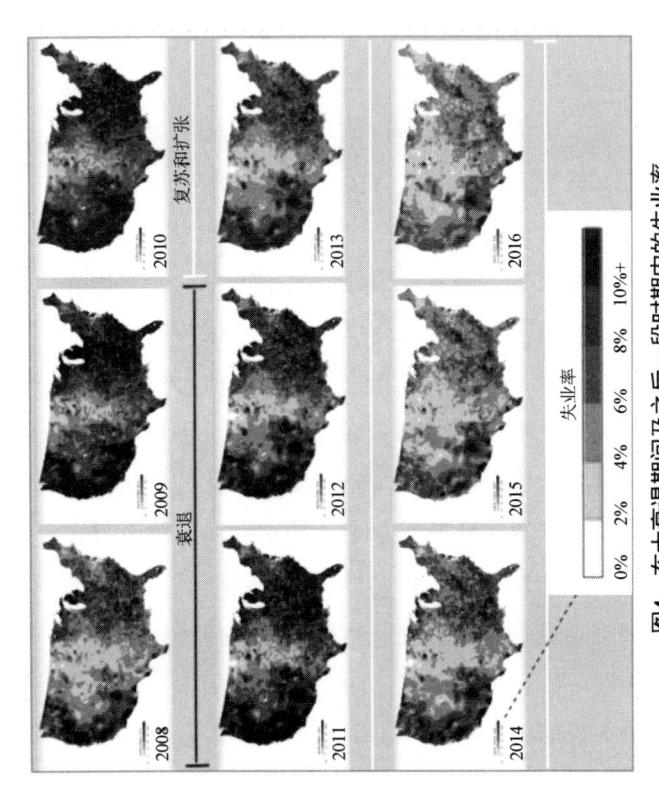

零失业率，一个更美好的社会——就业保障的理由

图4 在大衰退期间及之后一段时期内的失业率

资料来源：流式数据，"失业动态地图"，2016年10月16日。

将失业比喻成一种致命的流行病是恰当的。毫不夸张地说,失业带来的后果确实是致命的。凯斯(Case)和迪顿(Deaton)[1]的一项被广泛引用的研究表明,由于在20世纪70年代开始并在大衰退后一直持续的稳定的蓝领工作机会的丧失导致了(失业者出现)痛苦、沮丧以及社交障碍等问题,最终发展成"因绝望而死亡"的结果,这导致了工薪阶层中白人男性死亡率的上升。经济上的不安全,特别是失业,产生了一系列复杂的社会经济和健康问题,这导致了死亡率上升,但失业与死亡之间的联系甚至更为直接和紧密。

一项针对63个国家的元数据分析发现,五分之一的自杀是失业导致的,这一影响比之前所认为的高9倍。[2]另一项针对25个经合组织国家的面板数据研究也支持了这些发现。[3]斯图克勒和巴苏同样发

---

[1] Anne Case and Angus Deaton, "Rising Morbidity and Mortality in Midlife among White Non-Hispanic Americans in the 21st Century," *Proceedings of the National Academy of Sciences*, 112 (49), 2015: 15078 – 83.

[2] Carlos Nordt et al., "Modelling Suicide and Unemployment: A Longitudinal Analysis Covering 63 Countries, 2000 – 11," *The Lancet Psychiatry*, 2 (3), 2015: 239 – 45.

[3] Christian Breuer and Horst Rottmann, "Do Labor Market Institutions Influence Suicide Mortality? An International Panel Data Analysis," CESifo Working Paper Series No. 4875, Munich: Center for Economic Studies and Ifo Institute, 2014.

零失业率，一个更美好的社会——就业保障的理由

现，自大衰退以来，失业率越高的地区自杀率也越高。① 其他研究也报告了长期失业与失业 20 年后出现较高死亡率有关。② 对于幸存者（没有因为失业而死亡的人）及他们的家人来说，失业的代价是极其昂贵的。同时，失业也给更广泛的经济领域带来了巨大的成本。

失业者一生的收入会永久性地减少③，并且他们要承担巨额医疗费用④：他们病得更重，看医生的次数也随之增加，花在药物治疗上的钱也更多。失业者酗酒、出现身体疾病、抑郁和焦虑的比例比常人更高。⑤ 根据一项元数据研究，这种情况在世界各地普遍存在。这项研究检验了衡量心理健康的几个变量，包括痛苦、抑郁、焦虑、身心失调症状、主观

---

① D. Stuckler and S. Basu, *The Body Economic: Why Austerity Kills*, Basic Books, 2013.

② Kenneth A. Couch et al., "Economic and Health Implications of Long-Term Unemployment: Earnings, Disability Benefits, and Mortality," *Research in Labor Economics*, 38, 2013: 259–305.

③ Katharine G. Abraham et al., "The Consequences of Long-Term Unemployment: Evidence from Linked Survey and Administrative Data," NBER Working Paper No. 22665, September 2016.

④ 美国的医保体系是以被雇佣为条件的，没有工作就没有人给上保险。——译者注

⑤ Margaret W. Linn et al., "Effects of Unemployment on Mental and Physical Health," *American Journal of Public Health*, 75 (5), 1985: 502–6.

幸福感和自尊的混合表征。① 所有这些综合而复杂的健康影响夹杂在一起形成了一个恶性循环,使得失业者更难重新进入劳动力市场。②

事实证明,失业本身就是一种两难困境,给个人的健康状况造成了困难,使得失业者更加无法摆脱失业状况。失业极大地、永久性地减少了一个人的社会资本和社会参与度③,切断了他们与社会网络和社会关系之间的联系,而对于许多人来说,社会网络和社会关系是他们通往再就业的桥梁,这一事实使得这种矛盾不断深化。失业带来的孤独感还被其他证据充分的创伤效应所加剧,比如幸福感的永久性下降,这种情况甚至在一个人重新就业后也会持续存在。一项研究发现,在失业的总成本中,非货币成本占了85%到93%,超过了永久性收入损失的成本。④

---

① Karsten I. Paul and Klaus Moser, "Unemployment Impairs Mental Health: Meta-Analyses," *Journal of Vocational Behavior*, 74 (3), 2009: 264–82.

② Alan B. Krueger, "Where Have All the Workers Gone? An Inquiry into the Decline of the US Labor Force Participation Rate," *Brookings Papers on Economic Activity*, September 2, 2017: 1–87.

③ Lars Kunze and Nicolai Suppa, "Bowling Alone or Bowling at All? The Effect of Unemployment on Social Participation," Ruhr Economic Paper No. 510, October 2014.

④ Rainer Winkelmann and Liliana Winkelmann, "Unemployment: Where Does it Hurt?," Center for Economic and Policy Research, CEPR Discussion Paper No. 1093, 1995.

这表明，侧重于向失业者提供收入补贴的政策是不充分的。

毫不令人感到意外的是：失业伤害的不仅是失去工作的失业者本身，还有他们的家庭，尽管这样的事实往往被有关"自然失业率"的研究完全忽视。

失业是造成营养不良、发育迟缓、精神健康问题、糟糕的教育和劳动力市场表现以及配偶和子女的社会流动性减少的诱因之一。[1] 在美国，儿童的贫困率最高，80%的贫困儿童生活在没有成年人工作的家庭中。

失业加剧了根深蒂固的城市衰败以及许多社区的经济贫困，失业也是导致暴力和财产犯罪的因素。[2] 青年失业、犯罪和右翼极端主义之间存在着强相关性。[3]

---

[1] Melisa Bubonya et al., "A Family Affair: Job Loss and the Mental Health of Spouses and Adolescents," IZA Discussion Paper No. 8588, December 3, 2014; Joanna Venator and Richard Reeve, "Parental Unemployment Hurts Kid's Futures and Social Mobility," The Brookings Institution, Social Mobility Memos, 2013.

[2] Steven Raphael and Rudolf Winter-Ebmer, "Identifying the Effect of Unemployment on Crime," *Journal of Law and Economics*, 44 (1), 2001: 259–83.

[3] Richard Freeman, "Crime and the Employment of Disadvantaged Youths," in *Urban Labor Markets and Job Opportunity*, edited by George Peterson and Wayne Vroman, Urban Institute Press, 1992; Armin Falk and Josef Zweimuller, "Unemployment and Right-Wing Extremist Crime," Centre for Economic Policy Research, CEPR Discussion Paper No. 4997, 2005.

在全球范围内，许多国家的青年失业率居高不下——这是导致社会问题的一颗定时炸弹。[1] 在美国，曾经被监禁过的人的失业率高达全国平均失业率的五倍多，比大衰退时期最糟糕年份的数据还要高，而失业是屡次犯罪的主要诱因。[2]

除了个人成本，失业还会带来更广泛的宏观经济层面的影响。失业增加了大多数国家收入不平等的总体水平[3]，并且产生了社会排斥现象，加剧了种族间和民族间（interracial and interethnic）[4] 的紧张关系。[5] 失业对技术变革、创新和生产都产生了负面的影响，它是导致金融危机和经济不稳定[6]、社会和

---

[1] 根据国际青年基金会（International Youth Foundation）的数据，如果考虑到测量的局限性，青年失业率可能比国际劳工组织估计的要高 6 到 7 倍。

[2] Mark T. Berg and Beth M. Huebner, "Reentry and the Ties that Bind: An Examination of Social Ties, Employment, and Recidivism," *Justice Quarterly*, 28 (2), 2011: 382–410.

[3] James K. Galbraith, "Inequality, Unemployment and Growth: New Measures for Old Controversies," *The Journal of Economic Inequality*, 7 (2), 2009: 189–206.

[4] Racial 是种族，Ethnic 是民族，如种族指"黄种人"，民族则指不同"黄种人"的国家，在这里是指移居美国的外国人及其后裔。——译者注

[5] William Darity, "Who Loses from Unemployment," *Journal of Economic Issues*, 33 (2), 1999: 491–6.

[6] James K. Galbraith, *Created Unequal: The Crisis in American Pay*, Free Press, 1998.

政治不稳定、人口拐卖、强迫劳动和童工、剥削和奴役的一个重要因素。

失业带来的负面影响似乎还不止这些,失业还会抑制经济增长。据估计,在大衰退期间,由于高失业率,美国经济每天损失 100 亿美元的实际产出[1],这个金额相当于美国环境保护局 2016 年的年度预算。即使是在失业率相对较低的 2007 年经济扩张的高峰期,每天因失业造成的 GDP 损失也在 5 亿美元左右。

换句话说,我们每天放弃数百万美元的商品和服务,同时背负着由失业造成的巨大的个人、社会和经济成本,因为我们认为失业是自然的、不可避免的和必要的。

我们已经为失业付出了代价。我们丧失了通过根除它所能产生的社会和经济价值,同时承担了它的实际成本和财务成本。这是一个具有全球影响的全球性问题。它是一种癌症——社区的逐渐毁灭,社会结构的崩溃,阿片类药物的流行,糟糕的儿童

---

[1] William Mitchell, "The Costs of Unemployment—Again," 2012, http: //bilbo. economicoutlook. net/blog/?p=17740; methodology in Martin J. Watts and William F. Mitchell, "The Costs of Unemployment in Australia," *The Economic and Labour Relations Review*, 11 (2), 2000: 180 - 97.

健康和教育状况，人满为患的监狱，精神和健康情况的恶化，等等，所有这些严重后果都与失业相关。这些都是不必要的成本。如果有一个可以保障所有人都能获得基本生活工资的就业计划，这些严重后果的大部分都是可以避免的。

五、打破现状：政策响应

即使是肩负双重使命（同时控制通货膨胀和失业）的央行，也会优先考虑对抗通货膨胀，而不是对抗失业。而且，如果把现行政策针对性的优先次序颠倒过来，几乎没有理由相信他们能够将失业率控制在"理想"水平，更不用说创造出让所有求职者都能找到工作的条件和环境了。央行能为劳动力市场所做的事情，就是采取一种无害的方法，放弃非加速通货膨胀失业率，停止为减缓就业增长而对经济增长踩刹车。正如我们在下一章中将要阐明的，利用失业后备军作为抵御通货膨胀的堡垒，是没有任何经济、社会或者道德方面的道理的。

财政政策也没有很好地解决失业问题，尽管它有更多的政策工具可以使用。在后里根时代，财政政策的作用被降级，与之相伴的是放松管制、抑制

零失业率，一个更美好的社会——就业保障的理由

工资，以及伪装成健全经济政策的涓滴政策。这样做的结果是，美国在战后出现了最大规模的财富向上层阶级转移的情况，以及最缓慢的就业复苏速度。但战后早期的"凯恩斯主义"财政政策也没有奏效。政府的刺激政策未能创造条件，确保每个求职者都能找到工作。传统的财政刺激政策通常将稳定投资置于稳定就业之上（后者仅仅被视为前者的副产品），这是通过贷款担保或有利润保证的合同、补贴和救助来实现的。事实上，在经济衰退期间，财政政策往往有助于稳定和增加企业的利润，（而不是解决失业），致使失业复苏已经成为常态。相比之下，就业保障是一种针对失业的直截了当的应对办法：对于无法找到有报酬工作的失业者，政策的解决方案是直接为他们提供就业机会。

今天，有保障的退休收入和公共教育已经成为政策格局的基本组成部分。正如我们既不以没有保险的退休人员的"自然比率"为目标，也不以一定的文盲率为目标，以给定的非自愿失业率为目标也没有什么意义。在某种意义上，政府通过坚持非加速通货膨胀失业率必须作为政策指南来选择失业率。即使我们认同通过控制需求的变化来控制通货膨胀存在一定的好处，但这也不能证明让人们失业（这

种政策行为）是合理的。正如我们在下一章将解释的那样，就业保障用一个强大的自动稳定器取代了非加速通货膨胀失业率，从而使得经济同时实现充分就业和价格稳定。就业保障还带来了一系列的经济和社会效益，而不会给社会造成难以承受的失业成本。

第三章　就业保障：一种新的社会契约与宏观经济模型

不先固定地板，如何才能安装屋顶？这是罗斯福的"经济权利法案"、华盛顿争取就业和自由的民权游行以及"绿色新政"提出的基本问题，绿色新政坚持认为，绿色转型需要为所有人提供基本的经济保障。

已故的约翰·肯尼思·加尔布雷斯（John Kenneth Galbraith）认为，一个经济体变得越富裕，人民对下述状况就越反感：在一些人享受他们自己的劳动成果的同时，另一些人却没有就业机会。虽然在美国经济的"黄金时代"，获得一份好工作的权利在实践中并没有得到保障，但至少为之辩护是很普遍的。无论是民主党还是共和党的总统，他们在演说中都呼应了这一观点；与此同时，他们还主张改善劳动条件，利用公共服务实施失业救济。在后里根时代，由于市场原教旨主义的胜利对工薪家庭的就业和收入造成了严重破坏，这些思想和词汇就被抹去了。工薪家庭的富裕不再是政府的目标。经济安全和福祉是少数人的领域。对劳动和就业条件的攻击是如此有条不紊和有效，甚至一些来自左派的声音（工薪家庭的传统捍卫者）也几乎放弃了保障人人享有这项基本权利的雄心。

正统经济学家们坚持认为，市场应该决定所有的价格（包括劳动力的价格），自然失业率应该作为抵御通货膨胀的屏障。意识形态的转变是如此彻底，以至于劳动和充分就业问题被抛弃了，非常流行的最低生活工资的想法受到严重破坏。货币主义的兴起和神话般的非加速通货膨胀失业率的概念为在价格稳定的祭坛上牺牲就业提供了完美的掩护。

所有这些都不是以好的经济学为基础的。企业和政府制定了大部分价格——前者利用日益庞大的市场力量，后者则利用公共财政的力量。这一点在战后初期得到了充分理解，在当时，政府预算和监管机构是管理通货膨胀的主要工具。一小部分有自尊的经济学家或政策制定者认为，失业是对抗通货膨胀的必要条件（弗里德里希·哈耶克和米尔顿·

弗里德曼是明显的例外)。黄金时代占支配地位的话语是政府负责提供基本的劳动标准——从工资和工作条件到国家劳动关系。

但如果没有体面就业的权利,早期劳动立法的基础就很薄弱。在工会和公司之间的每一次谈判中,解雇的威胁都若隐若现;它证明了工作外包和雇佣廉价移民劳动力的合理性,打破了战后的社会契约,侵蚀了工作场所的团结,并被用来打击工会本身。失业的威胁永远是企业控制工人最有力的工具。

"就业保障"是罗斯福革命中缺失的部分。通过保障一项基本的经济权利,它将带来一项新的社会契约,使失业和低薪就业不再作为实现经济稳定目标的工具。就像过去的每一项重大政策变革一样,它也会给经济带来重大的结构变化,其中最重要的将是永远把非加速通货膨胀失业率逐出经济政策的工具箱。作为一项主要的宏观经济政策,就业保障将提供反周期的经济稳定,就像目前失业所起的作用一样。作为一项以基本工资保障基本工作的政策,它将为经济中所有的工作提供最低劳动标准,包括毫不妥协的最低生活工资,这对所有的人——无论工作与否——都有潜在的深远利益。作为安全网的一个永久性特征,它将作为一项关键的预防政策,消除一系列社会和经济弊端以及劳动力市场的问题。作为复兴"经济权利法案"和绿色议程的基石，它将成为解决紧迫的社会和经济问题的工具。

一、无处不在的保障：公共选择与价格支持

虽然民间传说告诉我们生活中没有保障，但事实上保障无处不在。这些保障大部分是由公共部门提供的。有些是普遍性的，有些是有条件的。公共教育、公共图书馆、公共安全、公共辩护律师只是一些普遍性保障的例子。社会保障所保障的退休收入取决于一定的最低收入的历史，但残疾人及其无工作的配偶也被纳入社会保障体制之中。保障不仅延伸到家庭，也延伸到企业。有利润保证的（订货）合同在全球广泛存在，经常使国防、交通和高科技等行业受益。贷款担保（显性的或隐性的）也是如此，如政府承诺承担陷入困境的借款人的债务，其中2008年的金融救助就是战后最奢侈的救助例子。银行存款通过存款保险得到一定数额的保障，世界各地有大量的政府项目为农产品的最低价格提供保障。

其中一些保障来自公共选择，另一些则来自老式的政府价格支持。通过公共选择，政府直接提供必要的商品或服务，以确保普遍可以获得的服务（例如，公立学校、公共道路、公共安全）；通过价格支持，政府保证商品或服务（如某些农产品或银行存款）的价格永远不会低于某个水平。

就业保障具有公共选择的特点和价格支持计划的好处。作为一项公共选择，它保证任何人都能普遍且自愿地获得基本公共服务的就业机会。[1] 这类似于个人选择不聘请私人律师就可以得到公设辩护律师的服务，或者即使家庭选择把孩子送到私立学校，但他们也有资格在公立学校为孩子获得一席之地。由于就业保障提供了固定的基本工资，它也作为一种价格支持政策，不仅适用于该计划中的工人，而且适用于经济中的所有工人。这是因为它替代了私营部门中最不受欢迎的工作——工资低、虐待、骚扰、克扣工资、不安全的工作环境和其他问题——从而确立了所有雇主都必须满足的最低工资和基本工作条件的要求。

---

[1] Ganesh Sitaraman and Anne Alstott, *The Public Option: How to Expand Freedom, Increase Opportunity, and Promote Equality*, Harvard University Press, 2019.

二、价格支持、缓冲储备和生活工资

经济中的一种基本资源——劳动人民——应该享受某种形式的保障和价格支持,这种观点很难说是一个激进的主张。为了某种原则和经济效益,我们经常有效地对各种生产投入进行这方面的工作。人们可能会认为最低工资是工人的最低价格,但如果没有就业保障,它就不是完全有效的。只要工作机会短缺,那些不能获得最低工资工作机会的人的工资实际上是零。

考虑一下价格支持是如何作用于农产品的。世界各国政府都采取了一系列的措施来设定和稳定大宗商品的价格。这通常是通过所谓的缓冲储备计划来实现的①,在需求突然下降时,政府将以预定的价格购买该商品(如玉米)的剩余产品,然后在该商品需求恢复时再将其从仓库中释放出售。② 缓冲储备计划的作用是确保商品价格不会低于政府管理的价

---

① William F. Mitchell, "The Buffer Stock Employment Model and the NAIRU: The Path to Full Employment," *Journal of Economic Issues*, 32 (2), 1998: 547 – 55.

② 直到20世纪70年代末,美国政府一直有粮食缓冲储备计划,包括小麦和玉米的缓冲储备计划。

格。政府通过购买生产过剩的玉米并在市场短缺时出售,既"雇佣"了该商品(即确保每一蒲式耳玉米都能卖出去),又维持了其最低价格。

但在就业方面,虽然政府制定了联邦最低工资标准,但却没有类似的购买剩余劳动力的计划,也就是说,没有雇佣失业者的计划。这意味着政府的价格支持政策(最低工资)相当软弱无力,因为它没有延伸到失业者。为了建立一个稳固的工资下限,政府**既需要**一项固定的基本工资政策,**也需要**一项以预定工资随时雇佣失业者的政策。

就业保障作为一个就业缓冲储备计划,其额外好处是稳定工资下限、总体价格和整个经济。经济衰退时的大规模裁员压低了工人的工资和总需求,给所有价格都带来了下行的压力。通过雇佣失业者,公共选择将以基本工资维持充分就业,在总需求不断萎缩的情况下,从底部提供了一种比长期失业情况下对需求更强劲的支持。当经济复苏和企业恢复招聘的时候,工人将从就业保障的就业转移到私营部门的就业,政府支出和工资总支出将随之缩减[①],

---

[①] 当经济不断走向高涨时,由于企业不愿雇佣失业者,一般只是通过在职者的跳槽增加雇佣,从而推高了工资,就业保障通过在职工人的供给将抑制工资水平的上涨,从而减少了资本家集团的工资总支出。——译者注

以缓解私营部门招聘和对工人的需求增加带来的潜在通货膨胀压力。就业保障具有反周期的特点，抵消了私营部门对工人需求的变化，稳定经济并抑制了价格的波动，并可通过培训、证书颁发和其他方面的努力，使就业保障的工人转移到薪酬更高的就业机会。换句话说，就业保障将**为整个经济提供一个最低生活工资标准，实现真正的充分就业**，并为经济提供一个强有力的**缓冲器或减震器**。

三、设定最重要的价格

过去，存在着黄金储备这种人人都知道的缓冲储备计划。回想一下，在金本位制时代，各国的货币与黄金的盎司数挂钩。在这种货币制度下，政府实际上为黄金设定了一个固定价格，当私人对黄金的需求下降或上升时，政府就按这个价格买入或卖出黄金。换句话说，政府使用缓冲储备机制来确保黄金的充分利用和价格稳定！

对农产品或黄金实行充分利用和价格支持的计划，但对求职者却不采取同样的措施，这在经济上和道德上都是站不住脚的。出于显而易见的原因，劳动人民比任何其他商品都更需要强有力的价格支持。这一点早就得到了亚当·斯密（Adam Smith）的认可，他认为劳动者的最低工资必须达到维持生计的水平——这个想法已经演变成了现代的生活工资概念。劳动人民需要可执行的工资法，但他们也需要获得一份能维持生计的工作的保障。

粮食等大宗商品和黄金一直享受着价格支撑，即使它们对薪酬水平没有要求。[1] 对大多数人来说，生活收入和维持家庭生计的工资是维持生存必不可少的。商品也不"关心"它们的就业条件。它们可能被储存在筒仓里，任其腐烂待销，或被锁在保险库里，但个人及其家庭经历着失业和低薪就业带来的精神和身体上的损害，这应该引起政策制定者的注意。最后，一种商品可以储存并在以后的时间出售，但一个失业的人不能"储存"他们的能力以便明天再出售。他们通常需要持续的工作，或者至少有一定的确定性（确实，应该有保障），以便为家庭的需要做计划。正如哈里·霍普金斯（Harry Hopkins）曾经观察到的那样："人们不是长期吃东西，而是每天都吃。"

---

[1] 这种观点来自 Robert E. Prasch, "How is Labor Distinct from Broccoli? Some Unique Characteristics of Labor and their Importance for Economic Analysis and Policy," in *The Institutionalist Tradition in Labor Economics*, edited by Dell P. Champlin and Janet T. Knoedler, M. E. Sharpe, 2004。

四、更好地控制通货膨胀与政府开支

正如黄金和粮仓的例子所表明的那样,就业缓冲储备将稳定经济中最重要的资源(劳动力)的价格,而劳动力是生产其他任何商品的投入,因此,(稳定了劳动力的价格)也就稳定了它们的价格。此外,就业保障计划本身的支出既可抵消通缩的压力(当该计划在经济衰退中扩张时),又可抵消通货膨胀的压力(当该计划在经济扩张中收缩时)。因此,这将是一种比失业更好的通货膨胀控制机制。毫无疑问,通货膨胀还有其他来源——供给冲击、企业垄断定价权、输入性通货膨胀——但有了就业保障,政府维持充分就业的支出将不在其中。

就业保障也可作为管理政府充分就业预算的一种较好的方法。将就业保障计划与当前的实践进行比较:(如果依靠私人部门实现充分就业)政府需要向企业提供多少合同?他们应该保证多高的利润才能促使企业雇佣所有求职者,包括长期失业者?怎样才能诱使他们提高低工资工人的工资呢?需要多少补贴和多少税收优惠?为了说服企业确保充分就业,所需的预算是无限的。记住,公司不是在雇佣每一个找工作的人。但是,如果有了就业保障,我们可以知道维持充分就业所需的政府支出的数额——不会比雇佣最后一个出现在失业办公室的人多出一块钱。就业保障本身并不会消除政府给予公司的无投标合同,但通过确保这些合同不是实现充分就业的首选政策,它将更好地规范政府在创造就业方面的支出。如果通货膨胀来自政府预算政策的其他部分,例如,保证医疗保险补贴而不限制药品价格,那么政策就需要分别处理这些通货膨胀的来源。这里不是讨论通货膨胀管理的全面议程可能是什么样子的地方,但主要信息是:裁员不是解决问题的办法。

五、自动稳定器:保证就业还是保证失业?

在宏观经济稳定政策的范围内,只有两种选择:我们要么继续依赖现有的失业稳定器,要么用就业稳定器取代它。"就业保障"是后者,它是一个维持生活工资的就业计划,随着经济条件的变化而扩大或缩小,它可以与任何因其他原因被认为是可取的计划搭配使用。

最近,人们对加强自动稳定器的兴趣又复活了。

在这方面有很多讨论。处理经济不安全的某些方面的公共政策通常具有反周期的特征,如医疗补助计划、食品和住房援助,甚至社会保障,当失业率上升时,越来越多的家庭开始使用这些计划。在没有就业保障的情况下,所有反周期政策(无论强弱)都必须继续利用失业来缓和经济波动。不包括就业保障的一揽子政策需要做出证明:为什么它们需要将非自愿失业(无论大小)作为经济的一个永久性特征。

总之,政府以公共选择和价格支持计划的形式实施的保障是相当普遍的。通过结合两者的优点,就业保障使政策制定者不必在失业和通货膨胀之间做出选择。通过提供一份准备好的、有尊严的最低工资的就业计划,就业保障计划可以实现充分就业,而该计划的反周期行为及其固定的最低工资将稳定物价和经济。就业保障是非加速通货膨胀失业率的解药。

六、预防而非仅仅是治疗

就业保障不仅仅可以解决失业问题,它还具有重要的预防功能。首先,它阻止了大规模裁员的爆发。如果没有就业保障,当失业如雪崩般发生时,任何解决失业问题的政策(刺激、减税和收入支持

零失业率，一个更美好的社会——就业保障的理由

等政策）总是收效甚微，而且姗姗来迟。但是，当就业保障为待业的新失业者提供就业机会时，它缓和了第二章中讨论的溜溜球效应。如果没有就业保障，大规模裁员会自我强化。例如，失业保险（UI）和对贫困家庭的临时援助（TANF）试图为崩溃的需求设定一个底线，但它们没有处理不确定的就业前景带来的心理影响。依赖小额和短期失业救济的家庭削减支出的幅度，要比那些知道自己很快就能找到维持生计的工作的家庭大得多。

就业保障还可以防止人们在不知不觉中陷入长期失业，减少由此造成的个人创伤效应和经济问题。正如我们在第二章中所讨论的，失业的社会和经济成本是如此之大，以至于创造就业机会作为一种（类似于预防流行病的）接种方法是一个值得追求的目标。

这些预防的好处对美国各州尤其重要。在尼克松的"新联邦主义"时期[1]，以及随后由里根采取

---

[1] 新联邦主义是美国共和党总统尼克松在20世纪70年代初期提出并实施的一项重要的社会经济政策，其核心是实行以州和地方政府"分享岁入"为重要措施的财政经济方案。1972年10月，共和党总统尼克松签署了《分享岁入法》，被国会通过。它计划在五年以内由联邦政府与各州以及地方政府共同分享300亿美元的联邦岁入（主要是税收），其目的是限制联邦政府的权力，扩大州和地方政府的职权和干预经济的作用，将国家干预经济的部分职能和责任转移到各州和地方政府。——译者注

的一系列扩大和加速"新联邦主义"政策的时期，联邦政府将其在社会项目上的许多责任转移给了州政府。这种权力下放的借口是允许州政府拥有更大的自主权和灵活性。但是，正如我们将在下一章所讨论的那样，它对各州来说是过度的负担，因为它们没有货币主权，也没有联邦政府的财政权力来支持此类项目。更糟糕的是，这种权力下放的直接结果是，分类拨款合并为整体拨款，福利减少，各州更难保障基本公共服务的获得。雪上加霜的是，在20世纪90年代，各州通过了平衡预算修正案，要求进一步削减项目，而这些项目恰恰是在经济衰退时期最需要的。被砍掉的项目通常是为饥饿者提供膳食、为低收入者提供儿童保育和其他福利的项目。

有了联邦政府资助的就业保障计划，各州在任何时候（尤其是在经济低迷时期）都将得到显著的预算救助（budget relief），因为该计划将减少各州在社会支出方面应该承担的部分。

各州仍将保留在设计、实施和管理该计划方面的自主权（详见下一章），但他们不必依靠州际间的逐底竞争来为企业提供昂贵的补贴以创造少量的就业机会。

七、劳动标准与新的社会契约

就业保障通过确立好工作的劳动标准，形成了一种新的社会契约。如果一份工作支付的是贫困工资，那它还是好工作吗？我们面前的任务是消除失业和消除支付贫困工资的工作。就业保障计划的目标之一是重新思考如何定义有尊严的劳动标准——即任何劳动者可接受的最低生活工资、福利、工作时间和条件——并将其作为该计划的特征；另一个目标则是将那些支付饥饿工资（starvation wages）的企业赶出市场。

建立劳动标准的道路是漫长的。当罗斯福总统任命弗兰西斯·珀金斯担任劳工部长时，她同意了，条件是总统要支持联邦最低工资，减少每周工作时间，振兴公共服务就业计划（以及其他开创性的立法）。她帮助通过的每周工作40小时的法案是一种妥协，此前一项非常受欢迎的30小时法案以微弱劣势被否决。最低工资标准也没有适用于所有工人。如今，它也无法提供生活工资。同样受欢迎的每小时15美元最低工资的运动在州一级的立法进展缓慢，而美国整整40%的劳动人口的收入低于这一水平。除了加强劳动立法或提高最低工资之外，联邦政府还需要采取其他行动。

就业保障将有助于为整个经济提供一个真正的最低工资。如前所述，低于贫困工资的工作将面临来自最低生活工资的公共选择的竞争，公司将被迫在招聘时达到这一标准。一些人担心，该计划的这一特点将从私营部门吸引数百万目前在职的低工资工人。但几乎没有理由担心这样的离职，因为企业必然会做出回应，以满足新标准。由于当地生活工资的条例，公司经常与新规定的工资相匹配，在就业保障的情况下也会这样做。正如亚马逊公司最近所证明的那样——主要是因为他们羞于将工资提高到每小时 15 美元[①]，实际上，他们可以在一夜之间做到。

其次，认为面临就业保障工资竞争的公司会关闭他们的门店是不合理的。家庭将继续在快餐店吃饭，在沃尔玛或家得宝购物。更有可能的是，新的收入将创造更强劲的需求和更有利的经济条件，提高企业的收入和利润。这将有助于他们达到就业保

[①] Isobel Asher Hamilton, "Amazon is Raising Its Minimum Wage to $15 Following Pressure from Bernie Sanders," *Business Insider*, October 2, 2018.

障工资的水平,并增加就业。对最低工资的研究很清楚地说明了这一点:工资增长不会导致就业岗位减少。[1] 最近关于就业保障的研究也对这些影响进行了模拟(下一章将对此进行总结),这种研究发现就业保障非但不会造成大量流失,反而会永久性地促进私营部门的增长和就业。

对于最低工资已经很低、贫困率和失业率高于平均水平的南方各州来说,每小时15美元的就业保障工资可能是一项有效的发展战略,因为它比工资和就业率较高的州更快地提高收入、就业和需求。州或城市仍然可以选择对就业保障最低工资做出补充规定,就像他们今天对生活工资条例所做的那样。

最后,如果为每周工作小时提供全职工资和福利,就业保障制度还可以帮助降低每周工作时间的标准。例如,德国和法国已经实行每周35小时的工作时间,德国工会最近将数百万工人的每周工作时间减少到了28小时。[2]

---

[1] Paul K. Sonn and Yannet Lathrop, "Raise Wages, Kill Jobs? Seven Decades of Historical Data Find No Correlation Between Minimum Wage Increases and Employment Levels," National Employment Law Project, May 5, 2016.

[2] Alanna Petroff, "German Workers Win Right to 28-Hour Week," *CNN Business*, February 7, 2018.

八、服务业的福音

这项新的劳动标准对服务业的工人尤其有利。绝大多数从就业保障转到私营部门就业的工人将从事服务部门的工作，因为目前制造业雇用了不到美国总劳动力的 8%。制造业就业人数下降是全球趋势，即使是中国和韩国这样的制造业大国也不能指望该行业保持以前的就业水平。我们常常怀念从前美国制造业强大时提供的工作，在那时，它为家庭收入提供了保障并创造了繁荣的社区。但人们很容易忘记，在成立有组织的工会，政府立法规定工作场所安全、工作时间限制和最低工资之前，制造业的工作岗位是不稳定的，薪酬也很低。这些变化影响深远，但仍然不够。它们依赖于工人和雇主对劳动条件的共同期望和义务。为男性带来家庭工资（但仅为女性带来"零花钱"）的社会契约如今早已不复存在，服务业工作也无法提供类似的工资支持和生活水平。

然而，经济中绝大多数的工作都是我们广义上所说的**关爱工作**（care work）；也就是说，涉及社会培养和再生产社会（nurturing and reproducing society）

零失业率，一个更美好的社会——就业保障的理由

的服务业就业。我们自己出行，自己吃饭，自己穿衣，自我娱乐，自我教育，自我治疗。但其中许多工作被低估，薪酬也过低。我们怎样才能像过去对待制造业那样对待服务业呢？仅仅依靠制定最低工资和工作安全法规是不够的。

就业保障为美国公众提供了一种不同的契约。今天的跨国公司没有动力去做福特曾经做过的事情——通过提高工人的工资来提高对本公司生产的产品的需求和购买力。作为一项结构性政策，最低生活工资的公共就业选择提供了激励。它让跨国公司陷入困境，并要求，如果他们希望在一个实施了就业保障的国家做生意，他们至少必须达到该计划的薪酬水平。

人们可能会想，企业是否会简单地将更多工作外包到低工资国家。然而，在美国，服务业雇用了近80%的工人，而且大多数服务业工作不能轻易外包。呼叫中心和一些会计服务也许可以，但学校、杂货店、餐馆、交通、家庭维修服务、健康诊所、透析中心、退休之家、高尔夫球场和剧院不能搬到国外。它们也没有完全自动化。这个行业的工人面临的主要威胁不是外包或自动化，而是裁员、减薪、骚扰和福利损失，或者雇主为了削减成本而制造的

其他艰苦的工作条件。一个工人没有权力对一份糟糕的工作说"不"，除非他们被保证可以选择一份薪水体面的好工作。

九、其他收益：转型、预分配和安全网

虽然就业保障规定了私营企业雇主必须达到的工资福利下限，但它也可以作为一个就业安置计划。它将允许人们从失业过渡到就业，并从就业保障过渡到其他私人、公共或非营利性的工作。它将通过在职培训、证书授予、教育和其他全面的服务来培训他们，使他们为其他就业机会作好准备。就业保障对找第一份工作有困难的年轻人、正在找工作的出狱人员、在再就业方面有重大障碍的长期失业者以及希望重返劳动力市场的护理人员尤其有帮助。这可能是他们获得其他机会的垫脚石。但是，即使政府已经尽一切努力让尽可能多的人脱离公共就业项目，私营部门也不会雇佣所有人，就业保障仍将继续为其余人提供一个持续的就业安全网。

整个经济范围内的最低生活工资将使数百万家庭的工资大幅度提高。这将有助于降低收入不平等程度，因为底层人群的工资增长速度将快于顶层人

群。就业保障计划将利用预分配来帮助解决不平等问题，提高就业和劳动收入占比，并生产更多对社会有益的产出。当然，这不是解决不平等失控的万灵药，需要出台政策，解决财富和收入日益向顶层集中的问题。

就业保障可以帮助加强社会安全网的其他方面。例如，像社会保障这样的综合项目仍然难以提供全民覆盖。尽管只有大约4%的人永远得不到社会保障福利，但其中的95%都是收入历史不足以使他们有资格享受该计划的人。[1] 领取社会保障的低收入人群的贫困率为57%。就业保障将为他们提供继续工作的选择，使他们有资格获得社会保障，并有可能过渡到提供更慷慨的退休金支持的就业机会。

就业保障还可以加强教育政策和移民改革。麦克米伦·科顿（McMillan Cottom）认为，这可能是唯一最好的教育改革，因为它将提高所有学生特别是有色人种学生的教育回报[2]，确保工薪家庭的选择不再有绝望的选项。在移民改革方面，当移民者作

---

[1] Kevin Whitman et al., "Who Never Receives Social Security Benefits?," *Social Security Bulletin*, 71 (2), 2011, at https://www.ssa.gov/policy/docs/ssb/v71n2/v71n2p17.html.

[2] Tressie McMillan Cottom, "Raising the Floor, Not Just the Ceiling," *Slate Magazine*, January 23, 2014.

为"追梦者"得到"儿童入境暂缓遣返"（DACA）保护时，就业保障计划可以为其提供就业机会。"儿童入境暂缓遣返"使受助人获得了拥有驾照、上大学和合法工作的资格，而就业保障计划将确保这些工作唾手可得。通过额外的立法，参与该项目可以成为"追梦者"和他们的父母获得公民身份的途径。

就业保障制度作为安全网旨在为工作的人和不工作的人提供经济保障。就业保障是一个针对工薪家庭的项目，是对其他形式的收入支持的补充。残疾人、居家看护家人者（caregivers）、学生和退休人员都需要经济保障，他们可以通过其他政策或加强现有政策来满足其需求——我们可以举出其中的部分例子，如慷慨的残疾和居家看护者援助，普遍的儿童津贴，学生债务减免，免学费的公立大学和生活退休收入。尽管如此，就业保障制度也是为了改善非制造业工人的生活而设计的（the Job Guarantee is designed to improve the lives of non-workers as well）。正如我们将在第五章中详细讨论的那样，该项目是围绕**护理和自然保护**工作（*care and conservation work*）组织的。它优先考虑有益于儿童、老人、居家看护家人者和残疾人的公共服务。它为毕业生提供实习和过渡性的工作机会。它与普遍的高质量早期托儿和放学后活动相结合，以减轻家庭的无报酬照料负担和仍希望从事有报酬工作的居家看护家人者的两班倒。它可以提供上门送餐、陪伴、送人去看病以及其他可以显著改善不工作人群生活的服务。重要的是，调查显示，全职父母、居家看护家人者和残疾人通常出于非经济原因想要接受带薪工作，但他们在就业方面面临重大障碍。就业保障提供了缺失的就业机会、全民托儿服务和其他方面所需的全面服务。

就业保障的目标是改变宏观经济稳定模式，按需提供环境可持续的公共服务就业机会，并确保所有人都能获得一种无需歉意的最低生活工资的劳动标准。正如我们将在下一章讨论的那样，实现这一目标的障碍不是经济方面的。

第四章　但你将如何支付它？

"但你将如何支付它？"是当今政治中最具误导性的问题，主要是因为它建立在美国联邦政府可能耗尽资金的神话之上。事实上，它甚至不再是一个问题。这是一种反对，是对许多政策建议的一道警戒线。政客们以人为的债务限制、不合理的现收现付会计惯例和痛苦的平衡预算修正案的名义，为其对重要项目不能提供足够的资金进行辩护。大多数经济学家也没能帮上忙。就像非加速通货膨胀失业率的概念一样，他们将虚构的债务和赤字率置于公共利益的政策之上。

成本和预算方面的考虑必须基于这样一个明确的认识：任何一个拥有货币主权的政府，比如美国政府，可能会耗尽真正的资源（人力资源或自然资源），但它不会耗尽资金。因此，回答"如何支付就业保障"的问题要比回答"如何实施并使其可行"（将在下一章讨论）容易得多。在这里，我们将从三个方面来解决"支付"问题：（1）检查货币制度的性质和公共钱包的权力；（2）将就业保障的支出与现行失业对抗政策的支出进行比较；（3）提供具体的就业保障预算估计以及长远视角的有效融资标准。

一、货币制度与公共钱包的力量

为什么大规模的安全网、公共选择、价格支持计划和其他保障通常是国家政府的责任？一个重要的经济原因就是国家政府是其货币的垄断发行者。确实，这是责任止于——或者更准确地说，始于——政府的重要原因。

世界上的每个国家政府都拥有发行和控制本国货币的专属特权，即使有些国家放弃了这一特权。这是一个基本的和不可否认的事实，但是，人们几乎普遍地忽视了它的重要性。主权国家赋予其中央政府以货币主权，以及在管理国内经济事务上没有限制的和灵活的支出能力。阐明货币主权的本质是一种被称为现代货币理论（MMT）的经济方法的核心，它已经引起了全球的关注。① 虽然对现代货币理论的阐述超出了本书的范围②，但它的主要信息是足够清晰和关键性的：货币是一种简单的公共垄断，是政府创造的产物，是政府为其政策优先事项提供资金时已经创造和使用的公共产品。

公众凭直觉可以理解这一点。我们经常看到，美国政府在为银行纾困、为亿万富翁减税或为无休止的战争提供资金时，立即就"找到了钱"。不用向中国借钱，不用掠夺我们未出生的子孙，也不用向富裕家庭征收任何税收来资助这些举措。美国国会投票通过这些计划，为预算拨款，签发支票，然后由美联储支付。而且美国政府的支票从来也没有被拒付过，永远也不会被拒付。

换句话说，政府支出为经济提供了货币，而税收则使一部分货币退出了流通。后者具有抵消支出有可能带来的任何通货膨胀影响的作用。税收也具有重要的分配和激励作用，但在一个法定主权货币

---

① L. Randall Wray, *Modern Money Theory: A Primer on Macroeconomics for Sovereign Monetary Systems*, Palgrave Macmillan, 2012.

② 读者可参看以下三本著作：L. 兰德尔·雷：《现代货币理论：主权货币体系的宏观经济学》，张慧玉等译，中信出版社 2017 年版；斯蒂芬妮·凯尔顿：《赤字迷思：现代货币理论与如何更好地发展经济》，朱虹译，中信出版集团 2022 年版；贾根良等：《现代货币理论在中国》，中国人民大学出版社 2023 年版。——译者注

和浮动汇率的世界里,它们并不像传统经济理论所理解的那样:为联邦政府支出"买单"。

纽约联邦储备银行主席比尔兹利·鲁姆尔在1946年一篇题为《税收已过时》的重要文章中明确阐述了这一点[①],美联储主席本·伯南克在金融大危机之后也清楚地表达了这种观点。2008年9月,美国国会通过了一项预算,授权美联储购买数十亿美元的银行不良资产,伯南克对此澄清说:"这不是纳税人的钱……它只是我们用计算机在账户上标出的数字而已。"[②]

政府提供资金的这种权力同样可以延伸到公共目的的所有领域。以稳定的价格保障充分就业是最重要的公共利益。的确,政府拥有使用自己的资源(即货币)的独家特权,这赋予了政府确保本国所有人经济安全的独家责任。为一个主权货币政府的公共选择能力提供保障的不是其资金的可得性,而是**实际**资源的可得性。只要有以本国货币出售的失业资源,政府总能雇用得起他们。为就业保障买单将意味着通过该计划投入流通的货币总是有一些具体

---

① Beardsley Ruml, "Taxes for Revenue are Obsolete," *American Affairs*, 8 (1), 1946: 35-9.

② Ben S. Bernanke, Interview with CBS program *60 Minutes*, March 15, 2009.

的、对社会有益的工作作为支撑。

理解这一点将会改变一切——从摆在我们面前的经济可行性，到公众可以合理地要求政府为其所做的事情。一些国家放弃了这一基本的主权（例如当它们加入货币联盟时），从而放弃了一项最基本的公共职能——为社会安全网的某些方面提供担保，从银行存款到社会保险，再到无违约风险的政府债务。

因此，问题不在于如何为就业保障计划买单，而是在于实施该计划将会带来哪些具体的经济后果。因此，将该计划的实际成本与财务成本分开，并将其与继续维持失业现状的实际成本和财务成本进行比较是有用的。在这两方面，就业保障都是优越的。

二、实际的和财务上的成本与收益

如果一个拥有货币主权的政府在财政上不受限制，那么，我们将如何评估它所花的钱是否值得呢？我们应该采用什么样的标准，才能够确保公共货币或公款（public money）有效地运用于公共利益呢？

一个标准是考虑政府创造就业的不同政策对就

业的相对影响——众所周知的"物有所值",但以净增新的就业岗位为标准。另一个办法是考虑就业保障计划是否有能力减少现有的长期失业成本,包括实际成本和财务成本。第三个标准是预算的反周期运行能力,即在通货膨胀环境下收缩,在通货紧缩环境下扩张,同时保持充分就业。

想想金融大危机之后采取的稳定措施吧。通过2009年的《美国复苏与再投资法案》,美国国会拨款8480亿美元,在未来四年里用于复苏经济。据官方估计,从2009年到2012年,这项经济刺激计划平均每年创造或挽救了130万至470万个就业岗位[1]——这是一个令人沮丧的结果,因为在那段时间,官方失业人数每年平均在1250万到1500万之间(使用有关失业的扩展的定义,最高可达3000万)。[2] 8480亿美元的预算相当传统——它优先考虑减税、扩大失业保险和其他收入支持,并向企业提供补贴和合同。如果有就业保障计划,预算(包括材料和福利的补贴支出)将足以创造2000万个生活

---

[1] "Estimated Impact of the American Recovery and Reinvestment Act on Employment and Economic Output in 2014," Congressional Budget Office, 2015, https://www.cbo.gov/publication/49958.

[2] "Archive of Monthly Unemployment Data," National Jobs for All Coalition, https://njfac.org/index.php/jobs-and-job-security/405-2.

工资的工作岗位①，清除所有的官方失业和一些隐蔽的失业。政府很可能不会最终雇佣所有2000万人。但如果它开始行动，直接开始雇佣失业者，就会阻止裁员的雪崩。（要知道在2009年初，美国经济平均每个月失去75万个工作岗位。）它将启动就业带动的经济复苏，鼓励企业恢复招聘。这种直接就业的方法本可以避免战后历史上持续时间最长的失业型复苏。

政府能否在2009年为更大规模的经济刺激计划提供资金？毫无疑问，这是不成问题的。将经济复苏计划的规模扩大一倍或两倍是否有助于加速经济的复苏？回答也是肯定的。更大的政府赤字会为每个想要工作的人创造工作吗？不太可能。正如我们在第三章中所讨论的，有很多因素会造成公司即使在经济景气的时候也不会雇佣所有的失业者，而在经济衰退最严重的时候，说服他们这样做需要政府没有上限的支出。相比之下，"就业保障"则可以确保每个来到失业办公室的人都能被雇用。它使用相对较小的充分就业预算（即每创造一个工作岗位的

---

① Pavlina R. Tcherneva, "Obama's Job Creation Promise," Policy Note 2009/1, *Annandale-on-Hudson*, NY: Levy Economics Institute of Bard College, 2009.

支出）提供了比传统刺激方法更强的逆周期稳定，并为确保充分就业的目的对政府支出设定了更严格的上限。

在正常时期，减税和补贴也被广泛使用。美国联邦政府对工业的补贴高达数千亿美元。在政府采取的形式中，有些是价格支持和利润支持（例如在农业或金融部门），另一些则是促进私人提供基本公共产品（例如在保健或教育领域），但许多政策都明确表示其目的就是为了刺激就业。作为一种创造就业机会的工具，补贴对各州来说尤其成问题，因为它们不像联邦政府那样拥有货币主权。各州之间在为企业提供补贴上的竞争剥夺了它们所需的税收收入，而创造就业的效果很小。研究表明，这些州和市的税收补贴主要是将工作岗位从一个州转移到另一个州。[1] 联邦政府资助的就业保障不仅能产生最高的初级、次级和诱导性就业的效应，还能使各州免于为留住企业和吸引其他州的企业而进行税收补贴的军备竞赛。

正如第二章所阐明的，失业是昂贵的，而且，我们已经为之付出了代价。我们容忍它的时间越长，

---

[1] Jason Wiens, "Entrepreneurship's Role in Economic Development," *Entrepreneurship Policy Digest*, June 11, 2014.

巨大的社会和经济代价就会倍增。在就业保障上的任何支出都将是对我们的人力和自然资源的投资，也是一种对失业的主要社会成本预防的疫苗接种。想想美国的大规模监禁吧。2015年，每名囚犯的年平均花费超过3.3万美元。这相当于一个有两个成年人和两个孩子的四口之家的全部收入，而这两个成年人都有一份包含生活工资和福利的工作收入。① 在许多州，每个囚犯的花费要高得多，有时是全国平均水平的两倍。与此同时，有犯罪记录的人就业的障碍非常高，而失业和累犯之间的联系是很明确的。在没有减少累犯的情况下，用于监禁的公共支出总额一直在飙升。然而，为前囚犯提供的就业项目已被证明大大降低了再犯罪率。与此同时，工资微薄的监狱劳工被用来履行必要的公共职能（例如，加州向囚犯支付2美元/天和1美元/小时的工资来扑灭肆虐的野火），取代了通常的公共部门雇员。②

这只是失业的直接财务成本和实际成本的一个例子。几乎在所有经济领域都可以找到政府分配大量资源来处理社会经济问题和环境问题（无家可归、

---

① Living Wage Calculator, MIT, https://livingwage.mit.edu.

② Abigail Hess, "California is Paying Inmates $1 an Hour to Fight Wildfires," *CNBC*, November 12, 2018.

贫穷、洪水、污染）的例子，但却没有把重点放在常识性的预防和重建上（建造房屋、提供就业机会、加强基础设施）。公共钱包的权力说明，财政上负责任的做法是为就业和更新提供资金，而不是忽视它并忽视由此导致的贫困。

三、就业保障的预算

对政府在就业保障方面的直接支出的估算，将取决于经济状况。因为私营部门的就业是周期性的，所以就业保障必然是逆周期的。（正如下一章所讨论的，现实世界的例子展示了这种反周期的特征。）因此，它的预算必须考虑到这种波动。

为了估计该计划的规模，并就其对经济的影响给出一些数字，利维经济研究院（Levy Economics Institute）的一个研究小组模拟了一个非常宏大的美国计划，该计划具有以下几个特点[1]：

- 每小时15美元的就业保障工作工资；
- 非人工成本（从私营部门购买的材料）比人

---

[1] L. Randall Wray et al., "Public Service Employment: A Path to Full Employment," Levy Institute Research Project Report, *Annandale-on-Hudson*, NY: Levy Economics Institute of Bard College, 2018.

工成本高出25%；

• 提供占工资账单金额20%的福利（医疗、育儿和带薪休假）；

• 参加该计划的员工平均每周工作32小时，可以选择全职或兼职的机会；

• 就业保障计划将为雇员支付工资税；

• 就业保障产生的所有收入的三分之一要缴纳联邦所得税；

• 不需要征收额外的税来支付本计划的成本。

这项就业保障计划是用成熟的存量流量一致的Fair模型对美国经济进行模拟的。该计划假定将于2018年初实施，并在12个月内全面分阶段实施。模型评估了该计划在今后10年期间对经济增长、私营部门就业、贫困、国家预算和通货膨胀的影响。它还估计了该计划的总支出和净预算影响。

表2提供了下限和上限情况的汇总统计数据，这两种情况都对该计划产生的税收收入数额以及实施医疗补助计划和劳动所得税抵免计划的预期节省做出了保守的假设。

该模型没有考虑到政府在反贫困项目上的任何额外节省。其目的是模拟一个非常庞大和雄心勃勃的就业保障计划的预算成本和经济影响。

零失业率，一个更美好的社会——就业保障的理由

表2 就业保障的模拟

	下限	上限
就业保障达到高峰时的就业人数	1160万人（2022）	1540万人（2022）
此后就业保障的平均就业人数	1110万人	1470万人
对实际GDP的年贡献峰值（$2017）	$4720亿（2022）	$5930亿（2022）
此后对实际GDP的贡献	$4400亿	$5430亿
私营部门就业人数的峰值	330万人（2023）	420万人（2023）
此后私人部门就业的平均增加	293万人	365万人
通货膨胀增加	0.63%的峰值(2020)下降到0.11%	0.74%的峰值(2020)下降到0.09%
州预算上的改善（即减少支出的数额）	$350亿	$550亿
就业保障的平均直接支出	$4090亿（2020—2027）	$5430亿（2020—2027）
平均的净预算影响	$2475亿	$3400亿
净预算影响占GDP的百分比	GDP的0.98%	GDP的1.33%

资料来源：L. Randall Wray et al., "Public Service Employment: A Path to Full Employment," Levy Institute Research Project Report, Annandale-on-Hudson, NY: Levy Economics Institute of Bard College, 2018.

按照对潜在节省的保守假设，在较高上限情况下，该计划对预算的影响不到每年GDP的1.5%。如果我们考虑到政府部门在失业方面支出的所有削减，以及所有正的社会和经济乘数（the positive social and economic multipliers），该计划对预算的影响

可能是中性的，但这不能作为成功的标准，因为在严重的经济低迷时期，政府通常需要增加赤字支出。

此外，我们发现，如果每个家庭有一名全职就业保障工人，将使一个五口之家和950万儿童脱离贫困（约占美国所有贫困儿童的63%）。如果每个家庭都有一名全职和一名兼职就业保障就业人员，该计划将使一个八口之家和1240万儿童（约占所有贫困儿童的83%）摆脱贫困。

考虑到强劲的宏观经济效应和现有成本的适度削减，所估计的就业保障预算少得惊人。在模拟中，这个大型计划在高峰期将雇佣1160万到1540万人，将整个经济（包括私营企业）的工资提高到每小时15美元，提供丰厚的福利，并将支出的25%分配给非劳动力的成本。其结果是它将使实际GDP增加近5000亿美元，并增加300万到400万个私营部门的就业岗位，而没有产生任何宏观经济意义上的通货膨胀效应——所有这些净预算效应大约为GDP的1%到1.3%。这笔钱花得值。

联邦政府提供公共选择、价格支持和其他公共保障，不仅因为它们负责保障公民的福利，还因为它们掌握着公共钱包的独家权力。一个政府只有拥有货币主权，才能确保为其公民所依赖的公共选择持续地提供资金。目前，我们利用公共钱包的力量为失业制度而非就业提供资金——这是一种极不正常、在财政上极不负责任的使用权力的方式。就业保障计划建议我们利用我们的货币主权为就业制度提供资金。

第五章 做什么、在什么地方和怎样做：工作、设计和实施

大萧条时期，短短几个月的时间，美国的罗斯福新政就在每个县启动了就业保障项目。如今，这些县都设有失业管理办公室，它们构成了"美国就业中心"的网络结构。该网络由劳工部出面协调，为求职者提供全方位的支持服务，但这样的就业保障计划并不保障工作岗位的体面程度。正如第一章所讨论的那样，本书建议将这些"失业管理办公室"转变为真正的"就业管理办公室"。

那么，这些"就业管理办公室"政策实施的出发点到底在哪里呢？如何才能确保所有求职者都有足够的就业机会？它们应该如何具体实施？这些项目又该如何组织和管理？这些都是需要解决的问题。

为了回答上述问题,我们希望做出如下证明:(1)现实中存在着许多可以进一步扩大规模的项目,它们都能以"非集中"的方式实施就业保障;(2)借鉴过去和世界各地的最佳实践经验,就业保障项目或计划的实施没有必要另辟蹊径;(3)现实中还存在许多紧迫的、正在进行的和充满希望的项目,可以在未来几十年创造数百万个就业机会;(4)就业保障计划具有巨大的民主化的潜力。

一、就业保障计划的主要特征

为了实现前面描述的逆周期、结构性和预防性效益,就业保障计划提出了以下设计特征。

首先,该计划具有自愿性和包容性。它向任何想要工作的、符合法定工作年龄的人开放,而其劳动力市场地位、种族、性别、肤色或信仰等都不会影响其可能获得的相应工作岗位,就业保障计划也不能取代传统的公共工程或基本的政府服务。它既不是慈善事业,也不是生活补贴,因为得到就业保障的劳动者是靠工作获得报酬的。它更不是一项以工作作为手段的福利政策,这种政策对人们构成了威胁:除非来上班,否则将取消原先的社会福利。① 但是，由于就业保障计划提供了最低的生活收入，它在某种程度上确实减少了不必要的福利支出。

其次，就业保障计划也是永久性和有针对性的，它能够实现经济的自动稳定器功能，从而有助于解决周期性和结构性的失业问题。由于该计划中的工资及福利都是固定的，所以，它作为所有工资的固定底价，为整个经济体建立了一个价格锚。目前在美国，该计划建议的最低工资为每小时15美元，作为一种手段，它将有助于推动联邦最低工资翻一番。由于在短短的几年内，每小时15美元的最低基本工资可能不足以维持生活水平，因此该计划将每隔几年进行一次最低法定工资及福利审查，并根据需要调整最低工资水平，这里的福利具体包括社会保障、健康保险和专业化儿童保育以及带薪休假等（因为美国是唯一没有此类休假的大国）。

再次，就业保障计划由联邦政府资助，但以分权形式由地方政府及相关组织进行管理。该计划由州、市、非营利组织、社会企业和合作社等机构对当地需求进行评估，并设计满足这些需求的项目

---

① 参加就业保障是自愿的，如果不参加，仍将获得失业保险金的福利。——译者注

零失业率，一个更美好的社会——就业保障的理由

（详见下文）。例如，"美国就业管理中心"就扮演着"社区就业银行"的角色，它向当地组织征求计划项目的各项建议，而这些就业项目都是众所周知的经过精心设计的"就在身边"的岗位，尽管有些工作需要一些经验，但没有就业经验的岗位也会相应存在。

最后，除了一些青年学徒项目外，就业保障通常不会在私营部门创造就业机会。就业保障计划的重点是公共服务部门的就业，因为这样可以避免与私人部门产生竞争，并帮助解决"富裕中的贫困"和"私人的极端富裕与公共资源和服务的短缺"的双重难题。① 如第一章所述，不难想象许多就业项目可以配备具有不同能力和经验的就业人员（下文将提供更多的例子）。

只有公共部门才能确保就业保障计划的实施，因此该计划不可能也不需要强迫企业参与其中。企业的岗位招聘通常是顺经济周期的，而就业保障计划却是逆经济周期的。此外，私人部门也无法创造符合求职者技能和需求的工作岗位，相反，私人部

---

① 虽然现实世界的物质财富已经很充裕，但仍存在很多的不平等和贫穷现象，原因在于大部分的社会财富都集中在私人部门，少数人享受着高端的商品和服务，但是对于公共部门来讲，公共服务和基础设施还很糟糕，资金短缺和供应短缺并存。——译者注

门有固定的岗位需求，应聘者要去适应私人企业的工作需求，就业保障计划创造了比求职者数量更多的职位空缺，从而使就业岗位能够更好地与人的能力相匹配。

就业保障计划同时还提供**培训**、教育、认证和学徒实习的机会，这样能够确保劳动者从"就业保障池"内基本的工作岗位**过渡**到其他形式的有偿工作。它对退伍军人、高危青年（at-risk youths）、前囚犯和残疾人的特殊需求非常敏感，并优先考虑**关爱工作**（care jobs），解决被忽视的各种需求——无论是需要帮助的人、年久失修的社区，还是对岌岌可危的环境进行治理等等。

就业保障计划将失业视为一种公共健康问题，这不仅因为它对家庭和社区健康的影响，还因为失业的传播会造成更大的社会冲击。大规模裁员通常会从一个地区蔓延到另一个地区，从"震中"蔓延到外围，这表明失业会像病毒一样传播，也应该被当作"病毒"来"医治"。因此，就业保障计划是围绕着"时刻准备着和预防性"的概念设计的。在流行病方面，国家危机应对的目标不是等到最后一刻，而是计划、准备和预防。我们可以看一看"国家战略储备"——美国最大的基本药品和医疗用品储存库——在应对公共卫生威胁上是如何运转的。美国政府在全国各地设有仓库,在发生紧急情况时,可以及时地向当地分发疫苗、药品和其他用品。如果以类似的方式运作,美国就业管理中心可持续地向参与该计划的地方组织征集项目,以确保有足够的项目能够按需提供就业机会。

如果考虑到就业保障计划的预算,其主要的制定标准将是灵活且逆周期的。有几种方法可以做到这一点:一种是从一般预算中为该项目提供资金,就像美国联邦政府对医疗保险 D 计划①提供资金的方式一样,因为这样可保证其永久具有偿付能力且不像信托基金那样有人为的限制;另一种是使用基础拨款和补充拨款相结合的方式,就像我们在灾难应对和紧急救援中所做的那样,该计划的工资和材料费可以支付给州和地方政府的劳工办公室,这与支付紧急失业保险救济金的方式相同。

二、管理和参与方式的民主化

劳工部最终必须确保就业保障计划的任务完成,

---

① 这个医疗保险 D 计划是美国政府给那些 65 岁以上的人提供的用药福利计划,由联邦政府拨款,专款专用。具体见 https://en.wikipedia.org/wiki/Medicare_Part_D。——译者注

虽然责任落在了劳工部身上，但该计划以"分权"的方式进行管理。市政当局与社区团体合作进行评估调查，在设计社区"就业银行"时对社区需求和可用资源分门别类进行编目。社区组织、非营利组织、社会创业风险投资基金（social entrepreneurial ventures）和合作社也可以直接向劳工部申请资金。补助金的批准取决于以下条件：（1）为失业人员创造的就业机会；（2）不会对现有工人产生替代效应；（3）从事的工作是按照对社会和环境的影响所衡量的有用活动。

就业保障计划并不需要在行政基础设施方面另寻他路，因为相当数量的行政管理的基础设施已经存在，例如，"美国的就业中心"已经向失业者支付失业保险（UI），并提供求职援助、推荐、培训、获取高中同等学力、撰写简历、英语作为第二语言课程、数学和阅读培训，以及其他方面的一对一服务，如提供压力和财务管理课程。与此同时，地方市政当局和非营利组织已经开展了满足公众需求的项目，但他们的人手和资金都不足。就业保障计划将建立在现有的管理和制度框架之上，力求需求和资源相匹配。

放眼全球，该计划的具体管理工作也将因国家而异。例如，阿根廷是由一个非常分散的社区团体对该国的就业保障计划进行网络设计和管理；比利时的布鲁塞尔则是一个更为复杂的培训和就业系统，它是由一个公共机构向失业者提供个性服务或者全面的综合性服务。

就业保障计划的目标是提供一种有益的活动，确保社会认可并通过"自下而上"的设计赋予参与者一定的权力，鼓励居民、社区成员和其他代表公众利益的利益相关者直接参与计划的提议、管理和执行。从法国的零失业地区实验到巴西和德国的民主公共工程项目，世界上的许多地方都可以找到这种**参与式的民主方式**。这种全球性的参与式预算模式利用公民集会、信息技术和不同的组织方法，确保公民对地方项目和预算分配的投入。如果能得到联合国和世界银行等国际组织的支持，这种公平参与和降低性别意识差异的预算将大大提高此类项目的有效性、公平性和总体成果。

由于就业保障计划鼓励公民参与，对私营部门的惩罚性劳工雇佣行为施加压力，积极投资于公共产品，因此，它可以作为一种具有深刻民主化倾向的制度，在工作场所、人们的日常生活乃至整个经济中作为转型变革的渠道发挥作用。

三、就业保障计划与其他就业政策的不同

在深入研究就业保障计划可能创造的工作类型之前,我们需要强调一下该计划与其他就业政策相比所具有的一些特点:总的来说,目前所有的就业保障计划显示,它最能体现人权并且给人们带来基于最低工资收入的尊严和体面[①],而不同之处在于是否应该集中管理就业保障计划工资的水平和结构,以及该计划如何进行行政管理等方面。

我们在这里所建议的就业保障计划主张采用固定的生活工资和基本福利,这与分层级的工资制定办法刚好相反。[②] 从历史上看,美国"罗斯福新政"时期分层的工资结构引发了很多政治争论,而这最终降低了政府对许多"就业项目"的支持。另外,这种分层结构的工资制定办法也不具备前面已讨论

---

① 参见 Philip Harvey, *Securing the Right to Employment: Social Welfare Policy and the Unemployed in the United States*, Princeton University Press, 1989. See also, William Darity and Darrick Hamilton, "Full Employment and the Job Guarantee: An All-American Idea," in *Full Employment and Social Justice*, edited by Michael Murray and Matthew Forstater, Palgrave Macmillan, 2017, pp. 195–204。

② "H. R. 1000–115th Congress: Jobs for All Act," 2017, https://www.congress.gov/bill/115th-congress/house-bill/1000.

过的确保价格稳定的特征。就业保障计划的最低工资标准设定可以确保私人雇主的工资水平能在此基础上做相应的匹配，又不至于与私人企业竞争各种工资水平的熟练工人，也就不会限制已经享有较高工资水平和更好就业条件的熟练工人对工资水平的讨价还价能力，因为这里的目标是确保最低工资水平。

我们所建议的就业保障工资也没有与通货膨胀挂钩，以避免嵌入一种自动的工资—价格通货膨胀的螺旋机制中。相反，它却被纳入了定期审查和强制提高工资的立法，并与生产率的提高保持同步，以确保劳动者维持体面的生活水平。需要注意的是，由于就业保障将使目前的最低工资翻倍（从 7.25 美元/小时提高到 15 美元/小时），当企业适应新的更高的工资水平时，它可能会导致价格的一次性上涨。然而，这种一次性的最低工资上涨不应与通货膨胀相混淆，因为通货膨胀是指价格水平的持续增长。从历史上看，这种大规模的一次性加薪并非史无前例，1949 年，美国在没有加速通货膨胀的情况下，最低工资几乎翻了一番，而当时的经济处于"二战"后最接近真正的充分就业的状态。

此外，就业保障计划更倾向于高度分权的管理，尽管就业保障计划是由联邦政府资助，但该项目中的工人通常都不是联邦雇员。选择高度分权的"去中心化模式"主要出于以下几个原因：首先，根据美国当前经济发展的现实状态，该计划可能需要雇佣多达10%的劳动力，如果全部都由联邦政府来负责实施的话，有可能需要五倍于联邦政府的雇员，相比之下，由州、地方和非营利组织来运作可能更适合容纳这样的就业岗位扩张的需求，因为这些地方组织的就业人口已经占到总就业人数的20%左右。①

如果将非宗教的、非政治的及非营利组织纳入该计划的实施和管理中，这些组织将具有重大的民主和分散管理的潜力。由于这些组织是社会创新的重要来源，而且联邦政府已经与它们签订了相关合同，多个地方非营利组织和合作社的参与可以加强民主决策。目前许多地方性具有领导力的团体已经向联邦政府施加压力，以帮助解决其选民的担忧。一些合作性组织的运作已被证明能够增强其成员的

---

① 目前美国的相关就业数据显示，联邦政府雇员仅占2%，如果就业保障计划由联邦政府实施，联邦雇员会增加5倍以上，但是地方政府和地方组织所雇佣的人员已经占就业率的20%，如果由地方政府实施就业保障计划，其所雇佣的劳动力相对联邦政府层面不会有大幅度的增长。——译者注

零失业率，一个更美好的社会——就业保障的理由

权能，增加资产创造能力，并对其社区进行再投资等。事实上，目前公共目标的实现已经有一系列相互交织的机构积极参与，他们参与就业保障计划的设计和实施可以帮助拓宽社会的公正和平等。

目前的就业保障计划也不依赖大规模的基础设施建设来创造就业机会，基础设施投资是政府的一项长期执行的重要职能，但因资金严重不足且常常被政府所忽视，尤其是重要的堤坝、桥梁和公路项目不应随着经济周期的波动而波动，也不应因经济扩张期而被中断。[①] 此外，由于这种大型的基建项目经常需要配备高技能的加入工会的工人（这种类型的工人有很强的讨价还价能力），因此，雇佣这些劳动力必须非常谨慎，不能随意替换。但就业保障计划的项目都是一些小型就业项目，而且还可以根据经济状况增加劳动力的雇佣或推迟雇佣劳动力等，当然，就业保障计划也可以组建自己的工会组织。建立和加强美国的基础设施，防止、减轻和抵御日益加剧的飓风、龙卷风、火灾和洪水的影响等，这些都需要立刻行动并投入大量的劳动力，因此，相对于美国"绿色新政"产业政策中的大型基础设施

[①] 通常情况下，人们认为只有在经济的衰退期，政府才需要进行大规模的基建投资。——译者注

项目，就业保障计划可以雇佣劳动力来做一些小型项目，因为做总比不做要好得多。

四、主要的工作类型："国民关爱法案"

在美国历史上，一千个在马背上的妇女构成了"新政时期"流动的图书馆馆员，从1935年起，她们带着书籍骑着马在肯塔基州最偏远的地区建立图书馆，她们穿越了29个县，有时一天超过100英里，在地势险要的地方，她会下马徒步携带书籍，但她们这样做所产生的影响是深远的。正如一位获得图书的读者所说的："你们带给我们的书拯救了我们的生命。"[1] 美国公共事业振兴署（WPA）的图书馆项目为45个州提供了服务，雇用了14500人，并同时帮助解决了两个问题——失业和文盲。这些"低技能"的失业妇女为全国最偏远的地区提供了公共图书馆，而在此之前大多数图书馆主要由私人资助且大多数人无法获得书籍，她们支持了一项被视

---

[1] Sandra Opdycke, *The WPA: Creating Jobs and Hope in the Great Depression*, Routledge, 2016.

为当今社会生活永久的组成部分的公共项目——全国随处可见的公共图书馆。

今天,我们的社区有完全不同的需求,也有更大的能力来解决这些需求。骑马的图书馆员已经成为历史,但整个社会目前正在遭受着由于环境因素和基本公共服务的资金不足等问题带来的困扰。一旦我们拓宽了对"生产性工作"的理解,那么进一步组织相关的项目来解决上述问题就没有认知的限制了。例如,如果要解决迫在眉睫的环境挑战,我们可以在未来几年创造数百万个公共服务就业岗位,虽然无数无形的环保工作需要由拥有不同技能的人来完成,但仍有很多重要的关爱工作(care work)被低估、劳动报酬过低甚至完全被忽视。所谓的"绿色就业"在这里被定义为能够消除所有形式的贫困以及减少对最宝贵的自然和人力资源忽视的相关就业岗位。因此,就业保障计划被设想为一项优先关心环境、关心人民和关心社区的"国民关爱计划"。

1. 关爱环境

20 世纪 30 年代,罗斯福总统的"植树大军"种植了 30 亿棵树,创建和修复了 711 个州立公园,修建了 12.5 万英里的卡车车道,开发了 800 个新的州立公园，控制了4000万英亩农田的水土流失，改善了公共牧场的放牧条件，并增加了野生动物的数量。[1] 这些项目为当今气候行动主义的先驱——美国的环境保护运动——注入了新的生命力。

如果说在大萧条时期，失业和沙尘暴对许多农村社区构成了生存威胁，那么，今天的气候危机则是全球性的，许多最严重的环境问题恰恰发生在人们主要居住的地方——城市和乡村。例如，强降雨导致的径流淹没，城市受到森林火灾的威胁，居民社区在危险的垃圾场旁边"筑巢"。目前许多城市已经开始考虑将城市植树作为公共卫生基础设施，以保持空气清洁和凉爽、调节温度，并保持水质和径流的安全。事实上，人们能想到的环境项目是无穷无尽的，包括防洪、环境调查、物种监测、植树、公园维护和更新、清除入侵的植物以及建设当地渔业基础设施等。这些项目可以包括创建社区和屋顶花园，加强防火防灾措施，建设御寒房屋，或发起堆肥和可持续农业倡议以解决美国的粮食短缺问题。

---

[1] John C. Paige, *The Civilian Conservation Corps and the National Park Service：1933 – 1942. An Administrative History*, US Government Publishing Office, 1985.

2. 关爱社区

重建环境也意味着重建社区，相关的主要就业岗位可能包括清理空置房产、回收材料、修复修理和其他小型基础设施项目，建设学校花园、城市农场、联合办公空间、太阳能电池板、工具库，还包括建立社区的培训课程和计划等，同时还需要建设学生活动的操场、修复历史景观及组织社区影院，还有为了节约燃油等实行的"互相拼车"（car pool）项目、水资源的循环再利用和再收集计划，食物垃圾的处理计划和一些口述历史的保护项目等。

3. 关爱民众

对于生活在某些社区的民众来说，他们所面临的问题超出了上述环境问题的挑战，因此，提供老年人护理、课外活动、送餐上门服务以及针对儿童、高危青少年、退伍军人、前囚犯和残疾人的特殊项目都可以成为就业保障计划的一部分。由于该计划为受益于这些项目的人提供了就业机会，因此也为他们提供了一定的项目代理权。例如，退伍军人或残疾人因此还可以帮助开展一些外联项目以获得更多的外在支持。

还有一些其他例子，比如包括在学校组织营养情况调查，并针对年轻母亲开展健康意识计划，在学校和当地图书馆举办成人技能课程，或延长学校的日间培养计划，以及形成与教师、教练、临终关怀工作者和图书馆员的相互配合和协助服务等。就业保障计划还可以组织城市校园、合作社的课程和培训，以及发展可持续农业的学徒培训等。

可以看出，上述所有的社区关爱工作都可以培养出新一代的城市教师、艺术家、工匠、制造者和发明家。事实上，目前人们正在以这样或那样的形式做这些任务，但所有这些任务的就业需求仍供不应求，也缺乏足够的援助和预算来增加这些岗位的人员雇佣，而就业保障计划可以填补这一缺口，并升级及强化现有的就业实践和计划项目。

五、现实世界中的就业创造计划

我们也可以直接从世界各地的就业保障计划中学到很多东西，这些计划通常是有针对性的，但却是暂时性的。一个值得注意的例外是印度的《国家农村就业保障法》（India's National Rural Employment Guarantee Act，NREGA），该法案（尽管不是普遍性

零失业率，一个更美好的社会——就业保障的理由

质的）将就业权写入法律，保证每个农村家庭每年至少有100天的带薪工作。历史上其他大型就业计划包括美国"新政"、阿根廷的"Jefes计划"、南非的扩大公共工程计划（Expanded Public Works Program），以及瑞典的战后社团主义模式，直到20世纪80年代末，这些模式下的各国政府都有效地充当了"最后雇主"。

20世纪30年代，当美国失业率接近30%时，"罗斯福新政"就业计划开创了大规模增加公共部门就业的先河。据估计，当时有大概1300万工人参加了公共事业振兴署（Works Progress Administration, WPA，1935—1943）的工作，这被认为是把美国真正带入20世纪的最有分量的就业计划。[1] 它不但创造了大量的工作岗位，还实行了广泛的公共服务计划，这些岗位的创造不但支持了战争，还建立了在战后繁荣中发挥重要作用的基础设施。与此类似，阿根廷政府为了解决当时该国失业率超过20%的问题，在2001年推出了"Jefes计划"，但该计划主要侧重于小型社区项目。美国"新政"和阿根廷的"Jefes计划"都证明了无论是集中的就业计划（前

---

[1] Nick Taylor, *American-Made: The Enduring Legacy of the WPA: When FDR Put the Nation to Work*, Bantam Books, 2009.

者）还是分散实施的计划（后者），都可以在短时间内建立起来并很好地运转。可以看出，这两个计划都有明显的逆周期调节作用。在美国大萧条最严重的时期，失业率由于"新政"的实施开始下降，但因为罗斯福短暂地改变政策思路，试图平衡预算，结果导致失业率再次上升。① 阿根廷的就业计划在实施后不久就业率迅速上升（13%的劳动力被雇佣），随着经济的复苏，私人部门逐渐增加劳动力的雇佣，阿根廷政府实施的就业计划的雇佣人数稳步下降。② 事实证明，"Jefes 计划"对工人及其家庭，尤其是

---

① 罗斯福在第一个任期（1932—1936）期间将失业率从接近 30% 降低到了 1936 年的 16.9% 和 1937 年的 14.3%，在这时，罗斯福政府认为没有必要"继续通过维持额外的支出或赤字的方式来实现充分就业"。因此，1937 年，美国政府为了实施社会保障项目采取了（紧缩性的）增税措施，罗斯福为了实现平衡预算的竞选承诺，也减少了其他方面的政府开支，美国经济因此再次陷入了萧条，企业销售一路下滑，工资大幅度下降，失业率再次上升。当时，罗斯福政府对于这种状况似乎一筹莫展，直到第二次世界大战爆发，这种状况才得到改变。详见赫伯特·斯坦：《美国的财政革命——应对现实的策略》（第二版），苟燕楠译，上海财经大学出版社 2010 年版，第六章。有关美国在第二次世界大战期间走出"大萧条"的原因，请见贾根良：《新时代挑战中的现代货币理论之评价》，载《南国学术》2022 年第 4 期。——译者注

② Pavlina R. Tcherneva, "Beyond Full Employment: What Argentina's Plan Jefes Can Teach Us about the Employer of Last Resort," in *Employment Guarantee Schemes*, edited by Michael Murray and Matthew Forstater, Palgrave Macmillan, 2013.

对妇女产生了显著的积极影响。

如今，前面提到的印度的 NREGA 计划因在农村社区创造了许多生产性公共资产（水井、池塘、道路、公园），并提供了必要的公共基础设施服务，如节水、园艺、防洪、抗旱和其他环境项目，而受到了广泛的赞誉。另外，该计划还缩小了贫困人口中男女之间的工资差距，同时还帮助提高了私营部门中底层工人的工资水平。[1]

还有一些较小规模的就业计划也提供了有用的借鉴，例如，布鲁塞尔的"青年就业保障计划"就非常成功，目前该计划正准备将目标群体从青年失业者扩大到所有失业者。还有法国的零长期失业地区计划，美国自1978年至1980年实施的青年激励权利试点项目（YIEPP），它保证了76000名青年的就业。可以看出，这些就业计划在其短暂的生命中大幅度地降低了实施地区的青年失业率，缩小了黑人和白人青年之间就业率的差距，并有效帮助了该计划的参与者在13个月内顺利过渡到私人部门就业（尽管保证期为两年）。同样，2009年英国未来就业

---

[1] Neelakshi Mann and Varad Pande, *Mgnrega Sameeksha: An Anthology of Research Studies on the Mahatma Gandhi National Rural Employment Guarantee Act*, 2005, 2006 – 2012, Orient Blackswan, 2012.

基金（Future Jobs Fund）成功地让43%的参与者获得了固定工作（该计划后来改革成了惩罚性的工作福利计划①）。英国国家经济和社会研究所称该计划为近代史上最成功的项目之一，主要表现为：（1）加强了公共服务工作；（2）很好地针对了最弱势的青年群体，即一些长期失业者；（3）提高了他们的专业技能、可转移技能以及就业能力；（4）减少了他们依靠福利生活的时间。②

今天，政府直接创造就业岗位的小型项目分散在美国各地。阿尔伯克基市政府为无家可归者提供了工作机会，成功地为他们提供了永久就业和住房，并激励其他城市的政府也这样做③，还有为一些刑满释放人员提供工作机会的项目，这些都显著降低了

---

① 这是一个重要的概念，原因在于就业保障计划的就业行为是劳动者自愿的，没有人是被迫工作的，但一些就业计划却要求人们工作，尽管有时候很困难，例如一些贫穷人口如果工作的话，孩子没人管，住房和交通成本较高等，因此这样的就业项目被认为是"惩罚性的"。"惩罚性"的具体含义是这些穷人只有工作才能获得相关的福利待遇，例如，一些政府规定只有就业才能获得健康保险，这也是"就业福利"的含义所在。——译者注

② Tanweer Ali, "The UK Future Jobs Fund: The Labour Party's Adoption of the Job Guarantee," Post-Keynesian Economics Study Group, Working Paper 1106, September 1, 2013.

③ "Albuquerque Mayor: Here's a Crazy Idea, Let's Give Homeless People Jobs," *PBS NewsHour*, November 26, 2015.

再犯罪率。[1] 此外，还有一些针对高危青少年和失业者的城市项目，这些就业者可在农场、家庭企业、联合办公空间、温室、太阳能电池板、工具库、养殖共生[2]、社区花园、参加课程和组织课后活动等项目中就业。以上这些只是可以培育和扩大的项目中的几个例子，让我们对美国的就业保障有个大概的了解。

六、主要关注事项和常见问题

到目前为止，我们已经摒弃了失业是稳定经济的"必要条件"这一假设。但是，关于联邦政府应该负责创造就业的观点总是引发一些直接的担忧，主要表现在就业保障计划是否会：（1）导致"大政府的接管"；（2）难以管理和实施；（3）降低生产率；（4）为了提供就业机会而创造没有必要的工作（make-work）[3]；（5）具有很危险的破坏性，以至于可能引发政治革命。其他问题还包括：（6）技术对

---

[1] "Ready4Work, a Prisoner Reentry Initiative," City of Jacksonville, Office of the Mayor, https://www.coj.net/mayor/docs/the-jacksonville-journey/ready4work-whitepaper1107-(2).aspx.

[2] 这是一种"鱼菜共生系统"，即水生动物和植物相互给养的一个项目。——译者注

[3] make-work 或译作"提供虚假的工作"。——译者注

就业的影响（因为技术不是让所有的工作都过时了吗？）；(7) 该计划的逆周期特征（是否有可能在短时间内增加或减少工人，即使能够，如果项目对社会是有用的，难道政府不应该为之长期配备人员吗？）；(8) 该计划将面临的政治障碍（政客和企业难道不会确保就业保障计划不会发生吗？）。我们将依次对这些问题进行分析。

1. 大政府的问题

那些对大政府的担忧事实上已经落后了，我们已经有"大政府"，政府已经投入了数千亿美元、很多的时间和一定的资源来处理失业、就业不足和贫困造成的经济和社会成本。如前所述，被支付的失业成本已经超过了就业保障计划的投入，甚至可能是后者的很多倍。就业保障计划不仅能够**减少**美国联邦政府的成本，而且也减少了家庭、企业和各州的成本。

事实上，就业保障计划机构的规模在很大程度上取决于私人部门，而并非由大政府所决定。问题的关键在于私人企业创造了多少就业机会？他们是在雇人，还是在通过自动化和外包取代对劳动力的雇佣？私人部门还有多少大规模裁员计划正在酝酿之中？就业保障计划总是能够对私人部门的这些变化做出反应，从而更好地发挥经济稳定器的作用，并为失业的家庭提供经济缓冲。

2. 管理问题

正如我们不认为存在"最优的文盲率"一样，我们也不认为公共教育是一场"行政噩梦"而必须废除。然而，与就业保障计划相关的管理挑战常常被视为其是否可行的"试金石"。一些试图通过双重标准看待"就业保障计划"的想法让人们对其"望而却步"，但事实上它的运行相对于国家大型的基础设施建设和"金融救助计划"的供给并不是一项不可能完成的艰巨任务，历史已经做出了很好的证明。

从事实来看，美国公立学校为近5100万名学生提供了中小学教育保障，医疗保险、医疗补助、儿童医疗保险（CHIP）也为7400万人提供了服务，而美国的社会保障基金也覆盖了近5400万人。这些项目的总支出约占GDP的14%，相比之下，就业保障计划将雇佣1100万—1500万人，这仅相当于GDP的1%—1.5%。因此，那些认为该计划存在特定障碍的说法显然没有说服力，况且这些实施障碍似乎并不比其他政策事项的障碍更可怕。本书倡导的就业保障计划旨在通过尽可能多地利用现有的制度性基础设施并"自下而上"创造就业岗位来减轻这些障碍造成的困难。

3. 就业保障计划与生产力的提升问题

那些认为"就业保障计划并不具备生产性"的说法更是"黑白颠倒",因为确保失业人口能够就业并不比持续的失业更低效。鉴于失业对个人和家庭带来的各种有害影响,我们坚信,失业者的生产力实际上是负的,而就业保障计划不但会提供在职培训和教育,而且使享有相对就业安全感的人更快乐,更可靠,在工作场所的工作效率也更高。例如:一些绿色就业项目可以恢复环境,加强社区并改善健康的社会决定因素。如果我们仅仅从最狭隘的标准来看,(针对幼儿和老年人的)护理工作以及艺术家和音乐家的工作可能被错误地看作与生产力的提高无关,但它们的确通过提高整体福利和生活质量而间接地提高了生产力。

4. 关于"为了提供就业机会而创造没有必要的工作"的看法

有一种看法认为就业保障计划必然是"为了提

零失业率，一个更美好的社会——就业保障的理由

供就业机会而创造没有必要的工作"，对此，詹姆斯·加尔布雷斯指出，持有这种看法的人"承认自己无能，并不假思索地投降了"。[①] 事实上，"罗斯福新政"中的就业项目也经常被嘲笑为无用的项目，但它们重建了社区、经济和人们的生活。

然而，那些"为了提供就业机会而创造没有必要的工作"的谣言并不完全是出于政治目的而肆意编造的。一个较为宽容的解释是，这种谣言来源于对该项目实施目的的误解。这种误解认为，就业保障计划究竟是一项为每个需要工作的人提供就业的计划，还是一项创造"生产性"就业岗位的计划？两者只能选其一：如果它是一项针对有用工作的政策，那么，它就不可能雇佣所有的人；如果这是一项针对失业者的政策，那么，它就不可能是生产性的。

当然，这种两者必居其一的看法或选择是错误的。就业保障计划是生产性的和建设性的，**因为**它不仅消除了失业带来的负回报，而且它比失业更好地稳定了经济。然而，如果一项就业计划不能重申基本的工作权是一项人权，那么，它就不可避免地

[①] James K. Galbraith, "We Work," *The Baffler*, May 2, 2018.
这是加尔布雷斯对当今一些政府不可思议的行为的形容，即首先假设政府的做法是无效率的，因而连起码的想法和尝试都不假思索地放弃了。——译者注

无法回答困扰"罗斯福新政"就业项目的核心问题：到底应该雇佣谁？他们的技能是否足够熟练？这些项目有用吗？难道不应该配备更多的熟练工人吗？当把问题的重点放在项目而不是人本身时，倡导为所有人提供工作岗位当然是相当困难的，而当把重点放在失业的危害和有必要保障就业的基本经济权利时，就业保障计划的实施才能成为可能。

5. 关于该计划的"破坏性"影响

在 IT 领域，颠覆和破坏被誉为技术进步和创新。就业保障计划的一个创新之处在于，它确保企业不断满足或者提高工人的最低生活工资水平（它依赖于就业保障计划所实施的最低工资水平的不断提高）。但一些批评人士却认为这是危险的，因为不参与该计划的工人会意识到他们享受不到就业保障计划工人的体面薪酬、医疗保健和儿童保育，因而可能会引发"政治叛乱"。[1] 显然，这种批评是对公司支付贫困工资特权的几乎不加掩饰的支持。[2]

---

[1] Noah Smith, "A Federal Job Guarantee is Asking for Trouble," *Bloomberg*, March 11, 2019.

[2] 事实上，很多反对就业保障计划的人是"挂羊头卖狗肉"，给出一些冠冕堂皇的原因，但他们实际上是为了保护资本家给工人支付贫困工资的权力，从而维护资本家的利益。——译者注

零失业率，一个更美好的社会——就业保障的理由

历史上，类似的批评也困扰着"新政"的市政工程管理局。① 正如菲利普·哈维所指出的，市政工程管理局存在的问题不在于它不受欢迎，而在于它受到了广泛的欢迎。② 但是，企业主（而不是企业的工人）却提出了抗议，认为该计划提供了太多的工作安全感。当时美国南方地区的一些种族主义雇主认为这样较高的公共部门的工资水平正在"毁掉"黑人劳动力，因为这样做的结果是黑人劳动力会拒绝低工资或者拒绝工作，从而给他们带来了"错误的激励"。一些农场主们也抱怨说，尽管市政工程管理局的工资远低于全国平均水平，但廉价的农场工人正在流向更稳定的市政公共工程。更有甚者，一些政治性攻击以此为借口，说这个项目破坏了联邦预算，该是取消它并用救济金取而代之的时候了。如果罗斯福能够重新授权该计划，它可能永远不会

---

① 市政工程管理局是罗斯福新政在美国大萧条期间设立的一个在短期内进行就业创造的政府机构，旨在为数百万失业工人迅速创造就业岗位，主要是体力劳动的工作岗位。在1933—1934年的严冬期间，这些工作只是暂时的。美国总统罗斯福于1933年11月8日宣布启动 CWA，霍普金斯（Harry L. Hopkins）具体负责该短期机构的运行。——译者注

② Philip Harvey, *Securing the Right to Employment: Social Welfare Policy and the Unemployed in the United States*, Princeton University Press, 1989.

结束，但罗斯福政府的预算主管、保守派人士刘易斯·道格拉斯决定取消该计划，因为他对市政工程管理局并不友好[1]，然而，该计划内的工人们却把市政工程管理局提供的项目视为他们应该拥有的权利，并认为政府取消了该计划就亏欠他们了。

的确，就业保障计划的一个主要目标是摧毁那些通过支付"贫困工资"才能成功的企业。[2] 对这些企业实施"安乐死"的做法也是就业保障计划的特点，而不是该计划的缺陷，因此，这些企业"安乐死"之后最大的怨气来自企业主而不是工人。但即使是在经济大萧条时期，企业也希望保留员工被解雇的威胁，同时还希望在雇佣廉价劳动力的同时获得相应的福利补贴。但我们没有理由相信，就业保障计划会对私人部门造成严重破坏。事实上，就业保障计划的实施方式表明，该计划显著提高了实际GDP和私人部门的就业水平。现实中，尽管一些企业抗议提高最低工资的做法，但这些企业的工资水平很容易与最低工资水平的提升相配合，而且提

---

[1] Philip Harvey, *Securing the Right to Employment: Social Welfare Policy and the Unemployed in the United States*, Princeton University Press, 1989.

[2] 原因在于这些企业支付很低水平的工资，看似节约成本，但长期来看损害整个消费市场和劳动力市场的就业秩序。——译者注

高工资的经济效益是有据可查的。①

还有批评人士认为我们需要关注就业保障计划对公共就业产生的影响,也就是说,该计划的最低生活工资将促使私人部门和公共部门竞相降薪以匹配就业保障计划的最低工资水平。实际上这一批评是在暗示,一种公共政策选择,或者是任何公共政策选择都可能降低一些不需要使用它的人的现有利益,这就好比说,美国不应该实施社会保障制度,因为它的实施可能同时会减少政府和私人的养老金。但在美国,即使是有社会保障的联邦政府雇员也享有补充的联邦公共退休计划,因此,公共政策选择不应该造成一场"逐底竞争",相反,它应该提高底层工人的工资水平,以此改善收入分配。

6. 关于技术与就业保障计划

对于技术变革会影响就业的焦虑是可以理解的,但重要的是要区分两个独立的问题:(1)"技术会使大量现有工作自动化吗?"(是的,也许会)和(2)"技术会导致'就业末日'吗?"(并非是必然

---

① David Cooper, "Raising the Federal Minimum Wage to $15 by 2024 Would Lift Pay for Nearly 40 Million Workers," Economic Policy Institute, February 2019.

趋势）。① 的确，随着科技的日新月异，我们的生活也在改变，未来绝大多数的工作岗位甚至还没有被发明出来。然而，当今最危险的工作并没有足够快地实现自动化（例如，卡车运输、肉类加工或电力线路安装）。当然，还有许多危险的工作会对地球环境造成掠夺和毁灭，这类工作需要完全被淘汰，而不是自动化（例如陆上和海上钻井）。现实中并不存在所谓的"技术铁律"来决定哪些工作岗位需要被取消。社会的发展选择如何利用技术，例如，尽管现实中有无数的在线课程，但我们仍然需要为高质量的现场教学支付更高的价格，因为虽然应用程序、智能板和其他程序改变了学校的授课形式，但这并没有把重点放在面对面的现场接触和互动学习上。临终关怀显然不能通过电视机来完成，面对面的个人护理仍然是常态。

尽管科技变革似乎带来了令人沮丧的辞职，但科技并不是敌人。工作岗位的消失并不是因为机器人的涌入，而是因为管理层为了大幅削减成本，让工人与机器对立起来。事实上，考虑到迫在眉睫的环境问题，技术将是解决这些问题的关键因素，并

---

① Katie Allen, "Technology Has Created More Jobs Than It Has Destroyed Says 140 Years of Data," *The Guardian*, August 18, 2015.

能更快地解决这些问题，但这是否意味着我们找不到人类可以做的有用的事情？并非如此。我们为彼此和为社区提供服务的方式会不会是有限制的？不会的。这就是就业保障计划的提案被设想为一项"国民关爱法案"的原因。尽管新的技术变革不断发生，但总可以找到有用的事去做，技术可以被视为提高我们生活水平的一种方式，而不是威胁我们生活水平的一种力量。

7. 关于周期性就业的实践意义

还有一些批评人士担心，就业保障计划是否能够有效地发挥经济自动稳定器的作用。它真的能够根据需求创造就业岗位吗？如果它真的有用，为什么在经济复苏以后，更多的就业保障计划工人会离开呢？

这类批评并不合理的原因在于，他们没有认识到私人部门的经济行为实际上是顺周期性的，雇佣或解雇劳动力并不是就业保障计划所面临的独特挑战。事实上，无论是私人部门、非营利机构或公共部门，它们作为接纳劳动力的部门，每天都在不断地与新入职者和离职者打交道。这也体现了经济结构变化和周期变化的本质，只不过由于就业保障计划的"就业保障"机制比"失业机制"具有更好的经济稳定器的作用，它将显著降低劳动力市场面临的"溜溜球效应"。私人部门就业的波动越小，就业保障计划的波动也就越小，就业人员从"就业保障池"向私人部门的就业过渡就越容易，从而能够消除在短时间内安置大量人员的挑战。此外，由于该计划实施的灵活性，上述许多具体项目可根据劳动力的加入或离开迅速调整。

基本的和持续的公共服务需要长期配备人员。例如，环境保护署和食品药品监督管理局需要更多的检查员，但这些不是临时的就业保障计划工作。同样，提供专业化儿童保育福利也是政府的主要职能，尽管这些儿童保育中心可以通过该计划雇佣临时人员和教师助理，但专业化、负担得起的儿童保育服务是永久性的基础设施，这也是儿童保育的公共选择，因为无论在职父母是通过就业保障计划还是通过其他方式获得工作，他们都需要儿童保育服务，因此这种类型的就业岗位设置就应该是长期的及可持续的。

8. 关于该计划面临的权力和政治方面的挑战

几十年以来，一项关于政府是否应该保证失业者就业的民意调查结果显示，超过60%的人持续支持政府承担这个责任，最近这一调查数据更是高达78%（详见下一章）。这些数据表明，就业保障计划不但弥合了意识形态的分歧，更在不同政治光谱的选民中产生了共鸣。然而，直到现在政策制定者也没有注意到这一点，在美国，几位2020年总统候选人已经认可了就业保障计划，数十名地方和国家级别的候选人已经在他们的竞选纲领中采用了它，而它也是绿色新政决议中的一个标志性计划。[1] 因此，在市民社会的许多角落，人们对它的支持如潮水般高涨。[2] 变革的时机已经成熟，选民，尤其是那些正在寻找解决根深蒂固的经济和环境问题的年轻选民，应该大胆地行动起来支持就业保障计划的方案。

当然，来自一些既得利益集团的反对也不容小觑。迈克尔·卡莱茨基曾经警告说，工业巨头们会强烈反对充分就业[3]，但是他们也反对设置最低工资标准，反对减少每周的工作时间，反对建立社会保

---

[1] "H. Res. 109 – 16th Congress: Recognizing the Duty of the Federal Government to Create a Green New Deal," 2019, https://www.congress.gov/116/bills/hres109/BILLS-116hres109ih.pdf.

[2] "Jobs for All: A Pledge," https://jobguaranteenow.org.

[3] Michael Kalecki, "Political Aspects of Full Employment," *Political Quarterly*, 14 (4), 1943: 322–30.

障制度，反对禁止使用童工，反对允许妇女控制自己的财产和收入，等等。因此，实施就业保障计划是确保所有人享有经济权利的漫长过程中有积极意义的一步。

在某些方面，我们今天比过去更了解那些对就业保障计划的批评的本质，他们主要的理解误区包括：首先，经济低迷时期实施就业保障计划是一种应急措施，所以就业保障计划存在到期日。其次，如果没有合法的就业权利，即使是实现了充分就业的国家（如瑞典、日本）也无法在所谓的"里根—撒切尔革命"[1]中幸存下来。最后，法律权利的存在并不意味着该计划将没有问题，但它将为确保计划的长期实施提供制度基础，即使在上述"新自由主义"制度下也是如此。例如，印度一些地方政府正在将广受欢迎的农村就业计划扩大到城市地区的年轻人，农民和工人要求扩大到全国范围内的所有城市失业人员。在美国，选民正投身于后里根时代政府和公共目标的复兴，为最终确保这一基本经济

---

[1] 由于在美国里根总统和英国的撒切尔夫人当政时，他们采取了新自由主义政策，如完全的私有化、紧缩政策、破坏工会及破坏社会安全网等行为，因此诸如瑞典和日本等这些已经通过凯恩斯主义的经济刺激计划赢得长期充分就业的国家也不能幸免。——译者注

权利打开了机会之窗。

9. 就业保障计划的支付能力问题

联邦政府拥有所有可支配的财政资源来实施就业保障计划。但是，尽管该计划很受欢迎，争取基本公共服务的斗争从来都不是公平的。很多工业巨头反对公共利益政策的出台，而他们最有害的工具就是错误地认为联邦政府的支出取决于政府从他们那里收来的税收。因此，任何争取经济解放的斗争都必须正面挑战这个所谓"稳健财政"的"神话"，否则进步的政策将永远受制于迷信的意识形态。为了克服这结构性和制度性的障碍，我们必须直面所谓"有钱有势者""为政府所有开支买单"的神话。

可以看出，实施就业保障计划存在着这些不"容易"，但尽管不容易，我们也不能假装这些障碍都是不可逾越的。过去，很多人认为就业保障计划的很多论点都是反对其他基本公共政策的，但这就是恐惧政治的本质，没有令人信服的道德或经济理由会让已有的不合时宜的政策一如既往地继续下去。毋庸置疑，政府的就业政策非常受欢迎，就业保障计划也是如此，就像我们将在下一章也是最后一章中看到的那样。问题是,我们更应该害怕什么——是一个人人都能有一份维持生计的工作的世界,还是一个大规模失业仍是常态的世界?

第六章　就业保障、绿色新政及其他

2018年，当美国的"就业保障计划"重新在政治领域被讨论时，许多民意调查也在试图衡量其受欢迎程度。2019年10月的希尔-哈里斯 X（Hill-HarrisX）民意调查发现，高达78%的选民支持就业保障计划[1]，这其中包括71%的共和党人、87%的民主党人、81%的无党派人士、78%的倾向保守的选民和52%的强烈保守的选民，在美国历史上，很少有政策能得到两党如此压倒性的支持。

一家民意调查公司（Civis Analytics）特意使用党派框架来实施民意调查，但仍然发现大多数选民（52%）支持该计划，其中58%是当时支持美国前总统奥巴马和特朗普的选民，32%是支持特朗普总统的选民，他们都认为就业保障计划为"最受欢迎

---

[1] "Majority of Voters Support a Federal Jobs Guarantee Program," *The Hill*, October 30, 2019.

的调查问卷的问题之一"。① 从美国州一级的调查情况来看（如图5），另一家民意调查公司（Data for Progress）发现，即使是共和党支持率很高的州②对就业保障计划也有很高的支持率。例如：密西西比州（72%）、乔治亚州（71%）、堪萨斯州（67%）、西弗吉尼亚州（62%）和印第安纳州（61%）。这些州的失业率和贫困率都高于平均水平，因此，就业保障计划可能会对这些州产生重大影响。

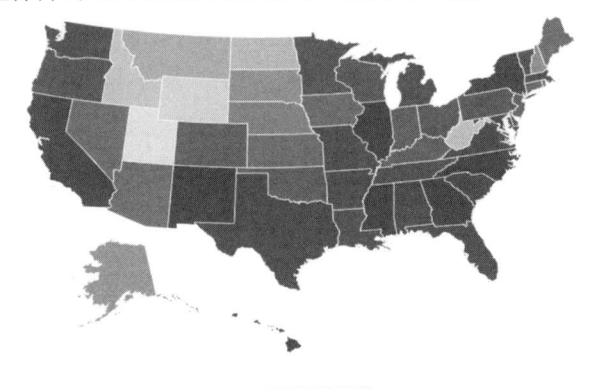

50% 52% 58% 63% 69% 75%

图5 公众对于就业保障计划的支持情况

资料来源：Sean McElwee et al., "Why Democrats Should Embrace a Federal Jobs Guarantee," *The Nation*, March 20, 2018.

---

① Sean McElwee et al., "Why Democrats Should Embrace a Federal Jobs Guarantee," *The Nation*, March 20, 2018.
② 美国共和党的州相信政府有钱才能花钱的逻辑，财政政策上十分保守。——译者注

零失业率，一个更美好的社会——就业保障的理由

相关的更进一步的数据发现，一旦就业保障计划与"绿色新政"（GND）议程相结合，对该计划的总体支持率将会增加到55%。[①] 因为当它被纳入绿色框架时，即使是在美国特朗普总统的选民中，其对就业保障计划的支持率也比没有绿色框架时高出14%。

但公众一直支持创造更多就业机会，特别是政府充当"最后雇主"的就业保障计划。2013年的一项盖洛普民意调查报告显示，72%到77%的受访者支持政府雇佣失业者的就业计划和创造就业的法律。[②]

另一项研究发现，68%的公众认为政府应该"确保每个想要工作的人都能找到工作"，53%的人支持政府本身作为"最后雇主"为失业者提供工作的做法（见表3）。

表3 对政府创造就业和"最后雇主"政策的支持情况

华盛顿应当确保每个想工作的人都能找到工作	68%
政府应当为每个在私人企业找不到工作的人提供就业岗位	53%

资料来源：Benjamin I. Page et al., "Democracy and the Policy Preferences of Wealthy Americans," *Perspectives on Politics*, 11, 2013: 51–73.

---

① Kate Aronoff, "All of a Sudden, Adding 'Green' to a Policy Idea Makes It More Popular," *The Intercept*, September 21, 2018.

② Jeffrey M. Jones, "Americans Widely Back Government Job Creation Proposals," *Gallup*, March 14, 2013.

金德（Kinder）城市研究所长期从事金德·休斯顿地区的调查研究，自1989年以来，他们一直在对"政府是否应该确保每个想工作的人都能找到工作"进行民意调查，结果一致显示，超过64%的受访者支持这一观点。[1] 在金融危机之后，2009年这个数字上升至69%，到2016年，76%的人认为政府有责任确保每个想要工作的人都有一份工作。与其他民意调查一样，金德城市研究所的调查显示，政府的就业政策比其他收入再分配和减贫的措施更受欢迎（见图6）。

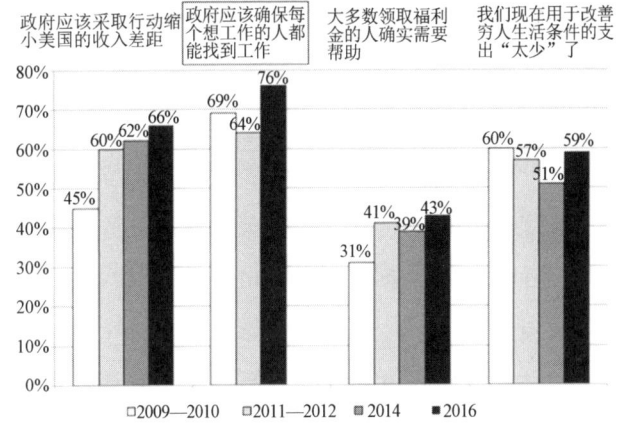

图6 对政府就业计划的地区性支持

资料来源：Stephen L. Klineberg, "Thirty-Five Years of the Kinder Houston Area Survey: Tracking Responses to a Changing America," Houston, TX: Kinder Institute for Urban Research, 2016.

---

[1] Stephen L. Klineberg, "Thirty-five Years of the Kinder Houston Area Survey: Tracking Responses to a Changing America," Houston, TX: Kinder Institute for Urban Research, 2016.

零失业率，一个更美好的社会——就业保障的理由

总之，无论就业保障计划是否在绿色框架内，大多数美国人不仅支持各种政府就业计划，更支持"最后雇主计划"，也就是就业保障计划。

一、将就业保障纳入绿色经济议程

本书认为，无论是从目的、设计还是影响上，就业保障都体现了"绿色"的本质，因为该计划关注并能够解决经济中两种关键问题——对自然资源和人力资源的忽视和破坏。

目前来看，就业保障被称为"绿色新政"中的关键部分，但"零碳排放"议程是否应该与就业保障、医疗和住房等政策一起通盘考虑，对于该计划的批评者和支持者来讲都存在相当大的困惑。但我们需要强调的是，对于正在向我们袭来的气候灾难来说，没有纯粹的技术解决方案，因此需要更多方面的考虑。

气候政策是一个国家的社会和经济政策。每一种气候问题解决方案及其实施方式都将产生深远的经济、社会和政治影响。要回答如何应对气候威胁问题，就必须回答如何重组我们的社会和经济问题。目前，我们面临的挑战不仅仅是生产技术手段

的转变，如果不解决当前制度中的不平等问题，那么简单地说，新的生产技术也无法确保经济的可持续增长和未来宜居的生活状态。例如，如果对建筑物进行防风雨处理，所有人都能获得足够的住房吗？如果从工业化农业转向再生农业，粮食短缺和粮食危机会消失吗？如果将交通系统电气化，公共交通的差距会得到解决吗？一个重建的新世界会为所有人提供经济安全吗？或者，失业和低工资的工作仍将是常态，对许多人来说，获得基本生活必需品（即使是用绿色技术生产的）仍然遥不可及？

拥有最低生活工资的就业保障计划将社会正义嵌入应对气候变化的政策中是非常有意义的，因为它认识到改善环境状况需要大量的工作，而许多想要体面工作的人却无法就业，因此有偿的工作必须支持传统上被低估的就业岗位，如环境保护和社区维护等；同样，数百万人的工作经验需要得到改善，需要更好的工作条件和基本福利，需要更加关注个人和社区的需求。就业保障计划还认识到，公共服务必须改善那些无法工作的人的生活，虽然该计划不是解决所有形式的经济不安全或社会经济问题的灵丹妙药，但它是《现代经济权利法案》的基石，是绿色新政议程的重要组成部分。

正如本书所提出的,就业保障计划是围绕着"关怀、健康与环境"等理念而设计的,并在此基础上采用民主和参与性过程来创造项目和就业机会。然而,"保障就业"这一概念在当代"气候框架"中有两种不同的理解。第一种理解与本书所倡导的建议最为相似,旨在"保证所有美国人都有一份工资足以维持家庭生计的工作,有充足的医疗休假、带薪假期和退休保障。"第二种理解的重点是"确保绿色新政能够动员并创造高质量的工会工作,支付现行工资,……并确保受转型影响的工人的工资和福利平等。"[1] 这两种有关就业保障的不同理解在《绿色新政决议》中都有明确的表述,尤其是一些政策提案专门提到需要保障化石燃料工人的职业培训和优先就业安置,以及保障他们获得 5 年的现有工资保障及有养老金的提前退休计划。[2]

那么,我们应该如何理解这些就业保障的性质以及它们相互交叉和融合的方式呢?

---

[1] "H. Res. 109 – 116th Congress: Recognizing the Duty of the Federal Government to Create a Green New Deal," 2019, https://www.congress.gov/116/bills/hres109/BILLS-116hres109ih.pdf.

[2] "The Green New Deal," *Bernie Sanders Official Campaign Website*, https://berniesanders.com/en/issues/green-new-deal.

二、产业动员与就业保障

在区分不同的就业保障和保证时，我们需要记住，"绿色新政"有三个不同组成部分：（1）它是一个基础广泛的产业政策；（2）它是一个保障经济权利的议程；（3）它是一种新的社会契约，它对所有劳动者不离不弃，更不会抛弃那些在化石燃料行业工作了几十年的劳动力。

绿色新政的第一个方面是整体转型，这对于快速并有力地应对全球变暖是非常必要的。这是一种全民参与的产业战略，是"我们这个时代的登月计划"，也可比作"战时动员"。这一构成部分的就业人员需要所有必需的技术知识、技能和专业知识，从而实现将生产系统从化石燃料转变为清洁能源的工程壮举，它将创造高质量的、由市场决定工资并有工会支持的工作岗位，以扭转劳动力市场中中等收入岗位极度空心化的局面。

但是，产业政策与充分就业政策并不是一回事，尽管产业政策在绿色转型的动员阶段可能会暂时有充分就业的效应。因此，绿色新政的第二个方面就是通过一系列政策措施确保这一产业战

零失业率，一个更美好的社会——就业保障的理由

略为所有人带来经济安全，而就业保障计划就是这些措施之一，它是最容易受到气候变化破坏、最容易在过渡过程中遭受大规模裁员的人特别需要的安全网。

最后，新的社会契约是绿色新政的第三个构成部分，就业保障计划通过建立新的劳动标准，用"就业"取代"失业"作为宏观经济稳定器的功能，防止其社会和经济成本的上升，为新的社会契约提供了制度基础。可以说，根据这个"社会契约"，尽管低技能和高技能的化石燃料工人都需要向绿色经济转型，但低技能的采矿和石油勘探的工人也应有相关的工资和保障，因为这些工人依赖石化行业获得收入，并不成比例地承担了这些工作带来的对健康的影响。经验丰富的化学家、地质学家和工程师可能比码头工人、甲板水手和临时工更容易转型。尽管如此，如果对比"二战"时期的"劳动力动员政策"，绿色新政也需要各种各样的方式和手段，对于那些在转型过程中落在后面的人来说，最低生活工资的就业保障计划将是一个至关重要的安全网。

事实上，实现对石化行业工人的承诺并不难，在美国，只有大约51.6万名非管理层的工人从事采

矿、采石以及石油和天然气开采行业（8.9万人从事石油和天然气开采，14.8万人从事采矿和采石，其余的从事勘探等辅助活动）。就业保障计划可以为那些在钻井平台和矿山上辛苦工作的人提供收入安全网或提前退休的保障，还可以为那些患有黑肺病或有其他健康问题的人提供慷慨的残疾补助，但对于那些希望工作的人，政府就业管理办公室就应该帮助他们在绿色经济领域找到获得薪酬的机会。

在转型过程中，"动员性的工作岗位"与就业保障的工作岗位[①]可能很难明确区分开来，在这里，我们建议对就业保障计划起草单独的立法，以确保其在绿色新政之后仍然有效。这两种工作岗位的创造都需要公共部门发挥领导作用：一个是通过大规模投资计划创造"动员性的工作岗位"，另一个则是为落后者创造规模较小的公共服务就业项目。但出于分析和应用方便的考虑，我们建议从立法和制度设计上将两者区分开来，具体原因如下：

我们可以想象一下，动员工作如果已经实现，气候恶化问题得到了解决，零排放目标也已经实

---

① 动员性的工作岗位是政府通过大规模的投资计划创造的新型工作岗位，就业保障的工作岗位则是政府为失业者提供的就业岗位，动员性的工作岗位虽然可以创造新的就业岗位，但不能保证每个人都可以就业，因而就业保障计划不可或缺。——译者注

零失业率，一个更美好的社会——就业保障的理由

现，能源网络和粮食生产系统已经转型，那么，接下来会发生什么？我们是否有能力体面地解除就业保障计划？答案当然是"不"，因为这种大规模转型并不能消除经济的周期性和结构性变化。例如，在"罗斯福新政"期间，当美国结束了"新政"就业计划时，保障所有人的工作权就成了一句空话。尽管当时美国通过战时动员暂时实现了充分就业，但在战后及和平时期，我们并没有做好准备确保所有人能够拥有一份基于基本生活的工资水平的就业岗位。由于没有就业安全网，为所有人提供一份有用且有报酬的工作的目标就被抛弃了，正是因为这个原因，一种僵尸性的充分就业概念——非加速通货膨胀失业率（NAIRU）[①]——就诞生了。如果我们继续容忍大规模失业的存在，那么，无论我们创造出什么样的绿色未来，这都将是不公正和不公平的。

20世纪30年代，美国政府革命性地重构了国家的作用，并在短短几年内实施了激进的政策改革，建立了一个变革性的安全网，确保了大规模的公共投资，并通过了至关重要的劳动法。但对许多人来

[①] 具体内容前面已有论述。——译者注

说，更安全和更稳定的经济仍然是遥不可及的，住房和学校政策没有得到较好的规制，妇女仍然不能从事传统上属于男性的许多工作，即使是同样的工作岗位，也是同工不同酬。工业化的农业部门继续雇用移民、少数族裔和穷人，穷人生活在很恶劣的劳动和生活环境中，劳工标准没有得到保障，所有这些领域的进展都很缓慢。

绿色新政是一个新的分水岭，它所需应对措施的规模堪比20世纪30年代的大萧条和毁灭性的第二次世界大战。我们今天制定的政策将开创一个新的经济时代。在目前拯救地球的大战中，实施就业保障是一个相对较小但至关重要的部分。如果绿色新政能让基本公共产品（交通、住房、电力、医疗和儿童保育）的投资更广泛地社会化，那么，经济波动将会像"二战"后一样大幅下降。（在20世纪30年代大萧条之前，美国经济每隔20年就会经历一次萧条，当然其间经历了许多较小的衰退。）"绿色新政"承诺以类似的方式来稳定经济，但这并不会避免经济周期的出现，虽然周期性波动很难被消除，但如果周期性波动减弱，也就意味着就业保障的规模会变小。即使我们有可能过渡到一个更清洁、更稳定和更公正的经济状态，就业保障计划作为一国宏观经济政策框架的永久组成部分,仍将继续提供就业安全网和宏观经济稳定机制。

三、结论:全球就业保障政策的缺失

由于本书的主要内容是基于美国的案例,因此,读者们可能认为"就业保障计划"是一种只有经济或货币霸权的国家才能够选择的政策,因而仿佛我们提出这样的计划就是在冒险一样。但事实并非如此,主要是因为一些大型的就业创造项目,以及就业权作为一项法定权利的引入,都是在发展中国家(南非、阿根廷、印度)实施的。因此,拥有经济领导权的国家当然应该带头解决就业问题,其他国家事实上也应该一劳永逸地解决失业问题。"二战"后,世界各国在起草"国际贸易组织"(ITO)宪章时得出了类似的结论。[①] 该宪章前两章明确规定了一项全球性的任务,即确保每个国家长期实施维持充分就业的政策,并将此作为自由贸易的先决条件。但是,国际贸易组织未获得批准,取而代之的是世界贸易组织(WTO),因此"充分

[①] Pavlina R. Tcherneva, "A Global Marshall Plan for Joblessness?," *Institute for New Economic Thinking*, May 11, 2016.

就业"的政策前提就被取消了。如今，许多国家依靠出口导向型增长创造就业机会，并采取"逐底竞争"的劳动力就业实践①来赢得这场在本质上不可能获胜的就业创造战争，因此，失业和就业不稳定必定是全球经济现象。

今天，国际社会正在进行一场新的对话，其核心内容并不是如何通过贸易达到世界和平，而是如何应对全球气候紧急情况。全球机构和国际协定要求各国承诺充分和体面的就业，就像上文中提到的国际贸易组织曾经要求的"充分就业"的主张，但未能实现。2015年的《巴黎协定》是重要的第一步，它强调气候正义的基础是"人权……（人权是）劳动力公平转型的必要条件，它要求根据国家确定发展的优先事项，创造体面的工作和高质量就业的机会。"②

虽然这里提出的就业保障计划倡议被定义为一项"有国别"的政策，但它也可以作为应对环境和经济不安全双重威胁的全球马歇尔计划（Global

---

① 这里的主要含义是指企业竞相主要通过消减工资和福利降低生产成本，以便在国际贸易中赢得竞争优势。——译者注

② United Nations, Paris Agreement, United Nations Treaty Collection, 2015, https://unfccc.int/sites/default/files/english_paris_agreement.pdf.

零失业率，一个更美好的社会——就业保障的理由

Marshall Plan) 的基础。① 这项计划并不是"只有工作才能获得的福利"，也不是"扯淡的工作"，更不是强制性的劳动，也没有无聊地"挖窟窿"②，而是一项具有绿色就业保障计划特色的全球绿色新政。

---

① 请参考 Pavlina R. Tcherneva, "A Global Marshall Plan for Joblessness?," *Institute for New Economic Thinking*, May 11, 2016。——译者注

② 意指无效劳动，这是一些反对"就业保障计划"的评论者对就业保障计划的恶意评论。"挖窟窿"原先语出凯恩斯的《就业利息和货币通论》，许多人不考虑凯恩斯写作的环境，误以为凯恩斯提倡"挖窟窿"这种无效劳动，但实际上这是对凯恩斯原意的误解。凯恩斯的原文为："设利率与充分就业不悖，则相当于充分就业下之储蓄倾向，有一资本之累积速率。今设为任何理由，利率之下降速度，赶不上在此累积速率之下，资本之边际效率之下降速度，则即使把持有财富之欲望转向于经济上不能孳息之资产，亦足以增加经济福利。故若豪富之家，生时建大厦作住宅，死后造金字塔为坟墓；或为忏悔前非，建造教堂，资助寺院，接济传教团体，则因资本丰富，以致物产反而不能丰富之日，也许可以延迟。故利用储蓄，'在地上挖窟窿'，不仅可以增加就业量，还可以增加有用之物和有用之劳役，换句话说，增加真实国民所得。不过，假使我们已经知道决定有效需求之各种因素，则在一合理社会中，便不应当再故步自封，继续依赖这种偶然的常常很浪费的补救办法。"参见凯恩斯：《就业利息和货币通论》，徐毓枬译，商务印书馆 1963 年版，第 187 页。从上面的引文中，我们可以看出，凯恩斯确实说在某种迫不得已的情况下，社会需要"挖窟窿"这种无效劳动。那么，他为什么这样说呢？我们必须将他的这句话放在 20 世纪 30 年代"大萧条"的环境之下来理解。在当时有效需求严重不足和大规模失业的情况下，几乎任何有偿工作都是一种进步——它将为失业者提供就业和收入，从而提高总需求并刺激经济。因此，即使是像挖洞这样看起来毫无用处的事情也可能是有益的。然而，凯恩斯又说，"不过，假使我们已经知道决定有效需求之各种因素，则在一合理社会中，便不应当再故步自封，继续依赖这种偶然的常常很浪费的补救办法。"凯恩斯实际上是用"挖窟窿"这样一个荒谬的例子来刺激政策制定者想出更多有用的计划——当然，即使是最愚蠢的政客或经济学家也能想出比挖洞更好的工作来增加就业和需求。因此，凯恩斯的原意是：在存在非自愿失业时，经济中存在着比"在地上挖窟窿"这种无效劳动有用得多的事情可做，这些有用之劳动所创造的虽然是"不能孳息之资产，亦足以增加经济福利"和社会收益，如改善生态环境、关爱孤寡老人和幼童、丰富社区和农村文化生活等有用的活动和产品。——译者注